Carmen Sylva, Wilhelm Bernhardt

Aus meinem Königreich

Tales from the Carpathian Mountains

Carmen Sylva, Wilhelm Bernhardt

Aus meinem Königreich
Tales from the Carpathian Mountains

ISBN/EAN: 9783337354213

Printed in Europe, USA, Canada, Australia, Japan

Cover: Foto ©ninafisch / pixelio.de

More available books at **www.hansebooks.com**

„Carmen Sylva."

Heath's Modern Language Series

Aus meinem Königreich

TALES FROM THE CARPATHIAN MOUNTAINS

BY

"CARMEN SYLVA"

(Queen Elisabeth of Roumania)

SELECTED AND EDITED FOR EARLY READING
WITH INTRODUCTION, NOTES AND VOCABULARY

BY

Dr. WILHELM BERNHARDT

BOSTON, U.S.A.
D. C. HEATH & CO., Publishers
1900

INTRODUCTION

I

The Roumanians and Their Language

Not many years ago, the Roumanians, *i.e.*, the inhabitants of the two principalities of Moldavia and Wallachia, were hardly known by name, and it was only through the grave events of which the Lower Danube has been the scene, since the middle of the XIX. century that they are prominently brought to the fore. We know now that they constitute one of the most important elements of the population of Eastern Europe—that they differ essentially from their neighbors, be they Slav, Turk, or Magyar—and that in some way they are descendants of the old Romans, though they live detached from the other nations of the Graeco-Latin family.

The origin of this Latin-speaking nation is still shrouded in mystery. Are they the descendants of the Getae and Latinised Dacians? Or does the blood of Italian colonists brought thither by Emperor Trajan (98-117 A.D.) predominate among them?

The Roumanians of to-day are anxious to purge their language of all Servian, Greek, and Turkish words introduced during the long dominion of the Turks. They endeavor to polish their tongue so that it may rank with Italian, to which it is closely related. About one half of the words of the Roumanian language—as spoken between the Lower Danube and the Carpathian Mountains—are Latin, while the roots of the other constituent elements must be looked for in Slavic, Albanesian, Greek, Hungarian, Turk, and German. There remain, however, several hundred words not traceable to any known tongue, and these are supposed to be a remnant of the ancient Dacian spoken on either bank of the Lower Danube at the period of the Roman invasion, in the beginning of the second century after Christ.

II

"Carmen Sylva," Roumania's Poet-queen

In the opening lines of her collection of poems, Carmen Sylva, Roumania's poet-queen, describes to us whence she derived her euphonious self-chosen title: Carmen—the "Song"—which gave her happiness and ease, and Sylva—the "Wood,"—in which, among the birds, she had learned to sing. The telling of stories in prose and verse has been her greatest delight since she was a child.

Queen Elisabeth of Roumania is a daughter of Prince Hermann of Neuwied, and was born on the 29th of December, 1843. Neuwied was a small principality on the bank of the Rhine, near Ehrenbreitenstein, and her family was an old and honored one, living at the castle of "Monrepos," a short distance from the quaint old town of Neuwied, on that part of the Rhine, where every rocky height has its romance, and every green valley its legend. In her early youth, the village-children were the only playmates of the little princess. When a mere child she developed a poetic taste and talent. At nine she began to write. At sixteen her tasks were long and severe: She studied history, the languages (Latin, Italian, French, and English), grammar, arithmetic, geometry, and literature, and read poetry, history, and the drama for recreation. From eighteen to twenty-four she studied, traveled and taught the poor. She had both talent and inclination for teaching, and was actually preparing herself for a school-teacher's position, when the marriage with the Prince of Roumania prevented her from carrying out her plan.

In 1866, Prince Karl of Hohenzollern had been placed upon the throne of Moldo-Wallachia by the European powers, with the title as Prince of Roumania. He proved himself an efficient and energetic ruler, and his popularity was soon so well founded that he was induced to go out a-wooing, so as to be able to insure the perpetuation of his race to the principality. In earlier years he had met Princess Elisabeth of Neuwied at the Court of Berlin, and he there almost saved her life. She was descending the stairs when her foot slipped, and no one knows what the result might have been, had not the gallant prince, then a handsome young lieutenant, caught her in his arms and saved her. Be this as it may, when the princess and her mother were in Cologne, in 1868, Prince Karl, then Prince Carol I. of Roumania, paid them a visit. "What a handsome fellow he has grown to be!" exclaimed Princess Elisabeth. "Yes," replied her mother, "and he is here for the purpose of asking for your hand." "He is a man whom everyone must admire," answered the princess, and on the following day her betrothal to the young ruler on the Lower Danube was officially announced. In November, 1869, they were married, and on the 22d of the same month, Princess Elisabeth first trod Roumanian soil and was received by thousands upon thousands of the people, who sang to her the Roumanian hymn as welcome and greeting. With Prince Carol she was supremely happy; he worshipped her and declared that she was his better self. A little daughter was born to them, but after a few short years of happy motherhood the Queen bowed in anguish over a tiny grave, in which she felt that all her hopes were buried.

It was then, that she made the decision thenceforth to labor for the good of the children of her adopted country, to unveil to them the treasures of folk-lore that existed among the dwellers of the Carpathian Mountains, and to do her part in educating them in patriotism by the narration of simple stories of Roumanian peasant-life and peasant-fidelity. The royal heart that had lost its own child, went out and sought to make the children of a nation its own, and succeeded. Year after year, from her beautiful castle in the Carpathians, where the wild Pelesch in its calmer moods whispers to her its stories, the poet-queen has devoted herself to writing for the benefit of her Roumanian child-subjects, and with each year she has drawn the bond of sympathy between her husband—who in 1881 had been proclaimed King of Roumania—and his people closer and surer.

The Queen's best-known book, "*Aus Carmen Sylva's Königreich*" had its origin in this wise: In the spring of 1882, the Roumanian Minister of Public Instruction asked Her Majesty, if she would not deign to write a book that could be used in the public schools of the kingdom as a prize-book to be given to the best scholars at the close of the year's work. To this request the Queen readily consented and the result was the delightful stories and legends from the mountains and valleys around her home in the Carpathians with illustrations by her own hand. They were written in German and translated into Roumanian. From this book, the present volume contains a selection of those tales, which, the Editor thinks, may prove the most interesting to young English and American readers.

The special charm of "Carmen Sylva's" stories is their sweet simplicity of thought and language, their freedom from all conventional methods and their homely beauty.— Supplemented by grammatical and explanatory Notes and a complete Vocabulary, these "Tales from Carmen Sylva's Kingdom" are expected to make an excellent and charming reading book, which advantageously might be put into the hands of beginners as early as the second half of the first year of their study in German, while for reading at sight the text would be most suitable for second and third year students.

WASHINGTON, D.C., October, 1899.

Aus meinem Königreich

I
Piatra Arsa [1]

Stolz war die schöne Pauna, [2] sehr stolz. Sie hatte nicht umsonst so große, dunkle Augen mit schwarzen Brauen, die eine scharfe Ecke bildeten, und eine Adlernase. Ihr Mund war eher groß, aber schön geschnitten, und wenn [3] sie sprach oder lachte, sah man die beiden Zahnreihen leuchten. Ihre schwarzen Zöpfe lagen wie eine Krone über der Stirn, und die Leute nannten sie scherzweise Pui de Imparat [4] (Kaiser's Junges), wenn sie mit ihren breiten Schultern und großen Schritten dahinging und den Kopf hielt, als trüge [5] sie etwas. Sie war aber doch nicht zu stolz, den Kopf zu drehen, wenn Tannas vorbeiging, und ihn anzuhören, wenn er bei der Hora [6] mit ihr sprach. Wenn man [7] sie aber mit ihm neckte, schoß ihr [8] das Rot in die Wangen, und eine scharfe Antwort strafte den Übermütigen.

Tannas war von den übrigen Burschen sehr beneidet, besonders als man [9] die Verlobung für ganz sicher hielt. Da wurde das Land mit Krieg überzogen, und Tannas mußte fort, mit dem Heere zur Donau hinab. [1] Pauna verschluckte ihre Thränen vor den Leuten; ob sie aber nicht heimlich einige vergossen, [2] wagte niemand sie zu fragen.

Immer verstand sie es so [3] einzurichten, eine der ersten zu sein, die im Dorfe Nachricht vom Heere erhielten, und wie [4] man sich [5] von den ersten Schlachten erzählte, mußte sie sich an das steinerne Kreuz lehnen, am Eingang des Dorfes, so schwindlig wurde es der starken Pauna. Nachts [6] konnte sie gar keinen Schlaf mehr finden und mußte oft ihr Licht brennen lassen, um die Schreckbilder nicht zu sehen, die ihr Tannas von Wunden bedeckt sterbend oder tot zeigten.

So saß sie einmal in dunkler Nacht auf ihrem Bettrande, noch angekleidet, und wußte nicht, daß draußen einer ums Haus schlich und jetzt zu ihrem Fensterchen hereinlugte. Sie wußte auch nicht, daß sie schön sei,[7] mit den weitaufgerissenen Augen vor sich hinstarrend, die Hände auf den Knieen gefaltet. Da klopfte es[8] ans Fenster, und mit einem verhaltenen Aufschrei sprang sie auf und drehte den Kopf, das Dunkel mit den Augen durchforschend. Da war[9] es ihr, als sähe sie Tannas, und im nächsten Augenblick hörte sie sich leise rufen:[10] „Pauna, bitte, liebe Pauna, komm doch[11] zu mir heraus! Fürchte Dich nicht, ich bin es,[12] Tannas!"

Schon hatte Pauna die Hand auf der Thürklinke; jetzt stand sie draußen und fühlte sich sogleich umfaßt. Sie aber wehrte den Arm ab, der sich[13] um sie gelegt hatte, und sagte:

„Bist Du es aber auch?[1] Will mich keiner zum besten halten?"

„Hier, fühle Dein Ringlein, Pauna, und hier die Münze an meinem Halse, ich konnte es nicht aushalten, ich mußte sehen, ob Du mir treu seist!"[2]

„Wer hat Dich denn vom Heere fortgeschickt?"

„Mich? Niemand!"

„Niemand? Und Du bist hier? Ist denn kein Krieg mehr?"

„O doch,[3] es ist noch Krieg, ich aber bin heimlich fort aus Liebe zu Dir, Pauna."

„Aus Liebe zu mir?" Pauna lachte rauh und kurz auf. „Glaubst Du denn, daß es mich freut, einen Fahnenflüchtigen zum[4] Geliebten zu haben? Geh mir aus den Augen!"

„Aber Pauna! Ist das Deine ganze Liebe? In den Tod, ins Verderben schickst Du mich!"

„Geh, wohin Du willst, aber das sage ich Dir, nie werde[5] ich Dein Weib; denn meinen Mann verachten zu müssen, das ertrage ich nicht!"

„Du hast einen andern gern!"

„Nein, Tannas, Dich allein, Dich habe ich gern und habe

Nächte um Dich gewacht; das[6] aber hat mir nicht geträumt, daß ich einen Feigling zum Schatz habe!" Pauna begrub das[7] Gesicht in die Hände und weinte.

„Ich dachte, Du würdest mich mit Freuden aufnehmen und mich bei Dir verbergen!"

„O, Schande!" rief das junge Mädchen. „O die Schande, daß ich mich Dir verlobt,[1] aber ich sage Dir, eher soll der Bucegi[2] brennen, ehe ich Dein Weib werde!"

„Und ich sage Dir," rief Tannas, „Du sollst mich nicht wiedersehen, bis ich ein Krüppel bin oder tot!"

In diesem Augenblicke standen sich[3] die beiden jungen Leute mit so funkelnden Blicken gegenüber, daß ihre Augen im Dunkel leuchteten.

Da verbreitete sich ein roter Schein in der Höhe und wie sie aufsahen, schien eine Felsenspitze des Bucegi zu glühen. Immer heller ward[4] die Glut, bis eine rote Flamme Sterne zu sprühen schien. Die beiden Liebenden standen wie[5] versteinert. Da gingen in den Nachbarhäusern die Fenster auf; die Leute riefen einander zu, es sei Waldbrand, nein, sagten andere, der Berg brenne. Die Hunde wurden laut. Die Hähne krähten.

Da faßte Pauna den jungen Mann bei den Schultern und ihn weit von sich stoßend rief sie: „Fort von hier, verbirg Dein Gesicht! Sonst sterbe ich vor Scham!" Dann schlug sie die Thüre zu und löschte ihr Licht. Mit hochklopfendem Herzen sah sie Tannas nach, wie er im Schatten der Häuser davonschlich, sah den Berg glimmen und langsam dunkel werden und gab keine Antwort, als man sie rief, das Wunder zu sehen.

Von dem Tage an fand man Pauna außerordentlich bleich; kein Lächeln flog mehr um die Lippen, die sonst so leicht sich spöttisch verzogen, und keine rasche Antwort verkürzte das Neckwort, das ihr nachgeschickt wurde. Still that sie ihre Arbeit, war aber oft so müde, daß sie sich an den Brunnenrand setzte und mit dem Wasser die Stirn kühlte. Zuweilen betrachtete sie sich träumerisch im Brunnen oder blickte scheu zum Bucegi hinauf. Mit einem Mal begann man zu sagen, Tannas sei im Dorfe gewesen;

dieser und jener wollte[1] ihn beim Schein des brennenden Berges gesehen haben, und sogar seine Stimme hatte man mit der[2] von Pauna gehört.

Als diese darüber befragt wurde, perlten Schweißtropfen auf ihrer Stirn und um ihre Lippen, die leise zitterten, als sie sagte: „War nicht alles still und dunkel bei mir, als der Berg brannte?"

Paunas Mutter schüttelte den Kopf, biß auf[3] die Unterlippe und meinte, es[4] geschähen allerhand merkwürdige Zeichen in dieser bösen Zeit. Da kam die Nachricht, es sei eine große, mörderische Schlacht geschlagen worden, Pauna erfuhr es diesmal zuletzt, ging rasch heim, schnürte ihr Bündel, nahm einen Kürbis und Mamaliga[5] in einem Tuche mit, und als die Mutter ängstlich fragte, wohin sie wolle,[6] sagte sie nur: „Ich komme[7] bald wieder, Mutter, habe keine Angst um mich!"

In der Abenddämmerung lag daß Schlachtfeld gebreitet; tausende von Toten waren umhergestreut, Pferde wälzten sich sterbend oder hinkten mit gesenktem Kopfe umher. Um mächtige Wachtfeuer lagerte das Heer und horchte nicht mehr auf das Jammern, das vom Schlachtfeld klang. Eine hohe Frauengestalt wandelte allein durch die Reihen, nachdem Sie im ganzen Lager gesucht und nach Tannas gefragt. Beherzt näherte sie sich Freund und Feind, reichte manchem einen Trunk und betrachtete die Toten genau. Jetzt ward es völlig Nacht, und der Mond beschien die schaurige Stätte. Immer noch wandelte das Mädchen hin und her, kniete hier und dort nieder, legte eines Sterbenden Haupt an ihre Brust und suchte an gräßlich entstellten Leichen nach einem Ring und einer Münze am Halse.

Nur einmal taumelte sie entsetzt zurück, als sie Weiber eine Leiche plündern sah.

Sie eilte fort, kehrte aber bald wieder zurück, um[1] ängstlich den Toten zu betrachten.

Daß ganze Lager war in Schlummer versunken, und noch immer schlich Pauna auf dem Schlachtfeld im Mondschein umher; manchmal rief sie leise: „Tannasse!" Oftmals antwortete ihr ein Stöhnen, aber traurig schüttelte sie das Haupt, nachdem sie einen Trunk gereicht. Der Morgen fing an, leise zu grauen und das Mondlicht bleicher zu werden, da sah sie etwas glänzen, und wie sie hintrat, lag ein Toter halb entkleidet da, hatte aber mit der Hand, an der ein kleiner Ring schimmerte, etwas, das er um den Hals trug, so fest ergriffen, daß man [2] offenbar darauf [3] verzichtet, [4] ihm die Finger zu öffnen.

Pauna erkannte ihren Ring und mit dem Aufschrei: „Tannasse!" sank sie neben der Leiche hin, deren Gesicht, mit Blut überströmt, kaum zu [1] erkennen war. Nach wenigen Augenblicken kam Pauna wieder zu [2] sich und begann, daß geliebte Gesicht zu waschen; sie sah, mit herabströmenden Thränen, daß beide Augen samt der Nase von einem Säbelhiebe durchschnitten waren, sah aber auch, daß das Blut wieder hervorquoll. Nun war sie sicher, ihr Geliebter sei nicht tot und eilte seine Lippen zu benetzen und seine Wunde mit ihrem Tuche zu verbinden. Da begann er zu seufzen, und wie er seinen Namen nennen [3] hörte, griff er mit der Hand in die Luft und betastete lange Paunas Gesicht: „Meine Pauna!" sagte er kaum hörbar. „Laß mich sterben, ich bin blind, ich bin nichts mehr auf der Welt!" „Doch, doch!" rief Pauna, „Du bist mein Geliebter und, will's [4] Gott, mein Mann, in kurzer Zeit; nur still jetzt, still!" —

* * *

Viele lange Wochen waren seit jenem Morgen verstrichen, Wochen, in denen Pauna Tag und Nacht an Tannasses Lager gestanden und ihn unermüdlich gepflegt. Da sah man [5] zwei Wanderer die Straße entlang ins Dorf kommen: einen Blinden im Soldatenmantel, mit dem Ehrenzeichen auf der Brust, und ein Mädchen, das [6] ihn sorgsam führte, und das mit freudigem Lächeln den Vorübergehenden sagte: „Hier ist mein Bräutigam! Er ist ein Held! Seht das Zeichen auf seiner Brust!"

„Und in seinem Gesicht!" fügte Tannas seufzend hinzu.

Noch nie war eine so große Hochzeit gewesen; von fern und nah strömten die Leute herbei, um die schöne Pauna zu bedauern an der Seite des Blinden. Sie aber lächelte allen zu und sagte: „Ich bin stolz! Ich habe einen Helden zum[1] Mann! Und gottlob, daß ich stark bin, ich kann für uns beide schaffen!"

Den Berg aber, den man hatte brennen sehen, nannte man Piatra arsa, „den verbrannten Stein," denn Hirten und Gemsjäger schworen, sie hätten dort die Felsen verkohlt gefunden.

II

Die Jipi [1]

In der Gruppe des Bucegi[2] ragen wie zwei Riesenzähne dicht neben einander die beiden Jipi empor und starren sich[3] trotzig an. Zwischen ihnen stürzt in stäubendem Wasserfall die Urlatoare,[4] „die Heulende," zu Thal und tobt, bahnbrechend, zur Prahova[5] hinab. Man sagt, die Jipi seien[6] vor[7] uralten Zeiten Zwillingsbrüder gewesen, die sich[8] so lieb gehabt, daß keiner[9] ohne den andern bleiben konnte, daß keiner einen Bissen Brot annahm, den er nicht mit dem andern teilte, daß, wenn man den einen etwas fragte, der andere Antwort gab. Wenn der eine sich weh gethan, weinte der andere und ließ[10] sich gar nicht trösten. Sie waren beide so schön wie Morgen und Abend, so schlank wie Lanzen, so rasch wie Pfeile und so stark wie junge Bären. Ihre Mutter betrachtete sie mit Stolz und Freude und streichelte ihre Lockenköpfe, indem sie sprach: „Andrei[11] und Mirea, meine schönen Söhne, möget[12] Ihr so berühmt werden, daß die Steine Von Euch reden!" —

Sie waren von edlem Geschlecht und hatten eine Burg auf hohem[13] Felsenkegel, auf dem sie thronten, als gehörte[14] ihnen die ganze Welt, und oft sagten sie scherzend, sie könnten[1] zusammen nur *eine* Frau heiraten, da sie gewiß nicht zwei gleichgeartete Frauen finden würden. Am besten[2] sei es, sie heirateten[3] gar nicht. Davon wollte aber die Mutter nichts hören, denn sie wollte[4] ihrer Söhne[5] Kinder auf den Knieen wiegen und ihnen Schlummerlieder singen.

Sie sang ihnen oft des Abends [6] die alten Lieder, [7] während sie spann, und die beiden Jünglinge umgaben sie zärtlich, Andrei kniete ihr [8] zu Füßen, auf einem Kissen, Mirea lehnte mit [9] dem Arm auf der Mutter Stuhl und sog den Duft ihres Haares ein, das in dicken, braunen Flechten unter dem feinen, weißen Schleier [10] schimmerte. „Unsere Mutter ist noch eine ganz junge Frau!" sagte Andrei.

„Ja," rief Mirea, „sie hat noch kein graues Härchen!" [11]

„Und keine Falte!" ergänzte Andrei. „Wir finden keine Frau, die Deiner [12] wert ist!" sprach Mirea und küßte den Schleier auf der Mutter Haupt. „Du stellst sie alle in den Schatten!" lachte Andrei und küßte den kleinen Finger der Hand, die eben den wunderfeinsten Faden spann. „Mein Vater war ein glücklicher Mann!" rief Mirea.

„Und wir sind glückliche Kinder!" fügte Andrei hinzu. Die Mutter lächelte zu dieser lieblichen Wechselrede und erzählte ihnen Geschichten von der Großmutter und der rauhen Zeit, in der die [13] gelebt, von ihrem gestrengen Vater und noch gestrengerem Gemahl.

Die Mahlzeiten, welche die drei mit einander einnahmen, waren so heiter, als wäre das Haus voll Gesellschaft, wenn aber wirklich Gäste kamen, wurden sie stiller, wie es der Würde des Hauses ziemte. Sie waren treffliche Gastgeber und brachten manche Nacht auf dem Boden zu, um ihr gutes Lager den Fremden einzuräumen.

Allen Menschen wurde es [1] wohl in dem trauten Heim, in dem die Liebe wohnte.

Eines Tages waren die beiden Brüder auf der Jagd und streiften an den steilsten Felsen entlang, den Bären zu finden, der jüngst großes Unheil angerichtet. Endlich waren sie ihm [2] auf der Spur und lautes Brummen, sowie das Hinabrollen der Steine verkündete seine Nähe. In dem Augenblicke aber, als Mirea den Wurfspieß schleudern wollte, [3] flog aus einem nahen Gehölze ein andrer Speer dem Tiere [4] gerade in die Weiche, worauf glockenhelles [5] Gelächter erklang. Der Bär richtete sich auf und schritt auf den Hinterbeinen dem Gehölz zu, [6] mit wütendem Brummen. Andrei sah die Gefahr, in welcher der kühne

Jäger sich befand, und während Mirea trotzig sagte: „Möge er die Jagd beendigen, die er angefangen!" rief Andrei: „Hörtest Du nicht, es war ein Knabe!" warf sich dem Bären,[7] der ihn überragte, in den Weg und bohrte ihm sein Messer bis an das Heft in die Schulter. Der Bär hieb in die Luft und stürzte dann tot zusammen. „O wie schade!" rief die helle Stimme, und aus dem Gebüsch trat ein wunderschönes Mägdlein hervor, in kurzem Gewande, mit Sandalen und einer weißen Pelzmütze, unter welcher sich wild und üppig die braunen Locken hervorstahlen. Sie hatte grüne Augen mit goldenem[1] Kern und braune, kühn geschwungene Brauen. Von den Schultern hing ihr ein Mantel von schneeweißem, seidigem Ziegenhaar, in der Hand hielt sie ein ebensolches breites Messer wie Andrei, mit dem sie festen Fußes[2] den Bären erwartet hatte. „Wie schade!" rief sie wieder, „nun habe ich ihn nicht erlegt!" und Thränen traten ihr in die Augen. Andrei stand ganz beschämt und betrachtete den Bären, als hätte er ihn gern[3] wieder lebendig gemacht, dem schönen Mädchen zu liebe. Sie stieß das Tier mit der Fußspitze, ohne[4] zu wissen, was sie that, nur um ihren Unmut zu verbergen; da wandte sich der Bär noch einmal und hieb nach ihr. In demselben Augenblick ward[5] sie zurückgerissen und mit einem:[6] „Unverständiges Kind!" scheltend von[7] Mirea auf die Füße gestellt. Verwundert sah sie in die Höhe, denn die Stimme war dieselbe wie die des jungen Mannes vor ihr, und nun gar das Gesicht zum Verwechseln ähnlich. Mit offnem Munde, wie ein kleines Kind, sah sie von einem Bruder zum andern, bis alle drei in ein stürmisches, nicht enden wollendes Gelächter ausbrachen. „Ihr seid ja[8] doppelt!" rief das Mädchen, „wie zwei Haselnüsse in *einer* Schale!"

„Wir sind auch Haselnüsse aus derselben Schale," sagte Andrei, „wer bist Du denn, kleine Waldfee? Du bist doch nicht etwa eine verkappte Hexe, die uns verderben wird?"

„Wer weiß!" sagte das Mädchen, „ich bin vielleicht eine Hexe, mein Großvater hat es schon oft gesagt, und ich bin[1] doch erst eine Woche bei ihm."

„Wir möchten[2] Dich gleich[3] als schlimme[4] Hexe behandeln und Dich auf unsrer Burg gefangen setzen, da Du auf unserm Grund und Boden ohne Erlaubnis gejagt," sprach

Mirea.

„Wir haben auch eine schlimme Mutter auf der Burg!" sagte Andrei.

„So?" rief das Mädchen, „die muß ich sehen, ich bin Eure Gefangene!"

Sie rief einen Jäger herbei, gab ihm einige Aufträge an [5] den Großvater, befahl ihm, sie mit den Pferden abzuholen und schritt lustig mit den Brüdern auf den schwindligsten Pfaden der Burg zu. [6]

Die Mutter der beiden jungen Leute, Frau Roxana, [7] sah zum Fenster hinaus und wunderte sich, was für einen jungen Hirten ihre Söhne mitbrächten. [8] Hinterher trug man den Bären auf Baumästen.

Als sie in die Nähe der Burg gelangten, rief Frau Roxana erschrocken: „Aber, mein Gott, [9] das ist ja [10] ein Mädchen! Wo haben sie denn das [11] gefunden?" Einige Augenblicke später erschallten die jugendlichen Schritte und Stimmen im Hofe, dann in der Halle, dann im Saal.

„Mutter!" rief Mirea, „hier bringen wir einen Gefangenen, einen Jäger, der uns die Jagd verdorben! Was soll seine Strafe sein?"

Frau Roxana betrachtete das junge Mädchen mit großer Bangigkeit; sie hätte [1] sie am liebsten wieder so schnell als möglich fortgeschickt; es war aber ein so bezaubernder Anblick, daß Frau Roxana gütig lächelte und die Hand reichte, die das junge Mädchen ehrerbietig küßte. „Ich denke die ärgste Strafe für sie wird [2] wohl sein, mit mir alten Frau einige Stunden zu spinnen!"

„O ganz und gar nicht; ich spinne so fein wie eine Fee; der Wurfspieß hat meine Hand nicht schwer gemacht. Und was das Alter betrifft, so befinde ich mich soeben in der einzigen Gesellschaft meines Großvaters, der den ganzen Tag im Sessel sitzt, und der immer einschläft, wenn ich ihm was erzählen will." Indem sie sprach, nahm sie ihren Mantel ab und wollte ihn niederlegen, Andrei aber kam ihr höflich zuvor. Frau Roxana nahm ihr selbst die Pelzmütze ab und strich ihr das krause, feuchte Haar aus der erhitzten Stirn. Sie war noch viel schöner so, wie von einer Löwenmähne umwogt, und Mutter und Söhne betrachteten sie wohlgefällig.

„Wie heißt Du denn, liebes Kind?" fragte jetzt Frau Roxana.

„Ich heiße Urlanda;[3] welch häßlicher Name, nicht wahr! Rolanda[4] wollten sie mich nennen, aber weil ich so wild war und so viel Spektakel gemacht habe, wurde Urlanda daraus." Sie sagte das mit einer so komischen tiefen Stimme, daß alle lachten. „Mein Großvater wohnt auf der andern Seite der Berge;[1] ich bin heute weit gelaufen."

„Nun, dann wird Dir die Mahlzeit munden, die unsrer[2] wartet."

Sie traten in den Speisesaal, der mit den schönsten orientalischen Teppichen ausgehängt war, und in welchem prächtiges Silberzeug prangte.

Die beiden jungen Männer sprachen mäßig dem Weine zu, den sie mit Wasser mischten, die Frauen ließen sich an Wasser genügen. Anmutig floß das Gespräch dahin; man erzählte sich Bärenabenteuer,[3] immer eines merkwürdiger als das andere, und Rolanda ließ sich darin nicht überbieten; sie wußte immer noch unglaublicheres zu erzählen, und in so ernsthaftem Tone, als wenn sie einen Eid darauf schwören wollte.[4]

Viel Heiterkeit veranlaßte ihr fortwährendes Verwechseln der beiden Brüder, und als sich Andrei als ihren Lebensretter vorstellte, ward Mirea eifrig und meinte, er habe[5] sie vor einer letzen Umarmung des Bären bewahrt. „Gut," rief sie heiter, „daß ich Euch beiden mein Leben verdanke; sonst könnte[6] ich meinen Lebensretter niemals erkennen!"

Nach Tisch bat sie um Kunkel und Spindel; sie wollte zeigen, daß ihr Spinnen keine Bärengeschichte sei. Dies that sie mit einem schlauen Blick auf die Brüder. Und wirklich, der Faden, den sie auszog, glich dem[7] einer Spinne, so fein und gleichmäßig war er zur großen Bewunderung von Frau Roxana.

„Ich kann auch sehr schön sticken," sagte das junge Mädchen, „das hat mich meine Mutter gelehrt, die[1] stickte wie eine Fee und hat gemeint, sie würde meine Wildheit zähmen mit so schönen Arbeiten; aber ich war immer schneller fertig als sie dachte, und ehe sie sich dessen versah, war ich schon wieder draußen, im Gestüte oder auf der Jagd."

Sie seufzte ein ganz klein wenig: „Jetzt ist das Gestüt verkauft und reiten kann man auch nicht in den elenden Bergen, man hat gar keinen Platz! Ach! da sind die Pferde!" rief sie und sprang vom Stuhl. „Ich muß jetzt fort,[2] sonst komme ich nicht vor der Nacht heim, und der Großvater kann gewiß schelten, wenn er will; er hat so buschige Augenbrauen und so viele Falten drum[3] herum!"

Sie flog auf Roxana zu, küßte ihr die Hand, grüßte die beiden Brüder mit einem Schwenken ihrer Pudelmütze, die sie auf die Locken warf, war zum Saal hinaus[4] und wie ein Knabe im Sattel, wie ein Wirbelwind.

Die Brüder hatten aber auch ihre Pferde bestellt, den jungen Gast bis zur Grenze des Besitztums zu begleiten, und alle drei lachten und grüßten zu Frau Roxana hinauf, die mit ernsten Augen und lächelndem Munde hinabsah. Es[5] lag ihr die Sorge auf dem Herzen, sie wußte nicht weshalb und hätte gern die Söhne zu sich zurückgerufen.

Rolanda wollte bergauf und bergab galoppieren und war kaum daran[6] zu verhindern; erst als ihr Mitleid für die Pferde rege gemacht wurde, ließ sie nach und sagte seufzend: „Diese wandelnden Stühle nennt Ihr Pferde!"

Da[1] die Nacht hereinbrach, lud sie die Brüder ein, nun beim Großvater einzukehren. Der alte Herr saß am[2] Ofen und strich seinen schneeweißen Bart, der ihm weit über die Brust hinabreichte.

„Wo war denn der Wildfang wieder?" sprach er gütig.

„In schrecklicher Gefangenschaft wegen Jagdfrevels, und hier sind meine Verfolger gleich mitgekommen, sie wollten sehen, ob ich die Wahrheit gesagt habe."

Der Alte betrachtete wohlgefällig die beiden jungen Leute, die in ehrerbietiger Haltung vor ihm stehen blieben. Bald war die Abendmahlzeit gerichtet und verlief nicht minder heiter als das Mittagsmahl bei Frau Roxana.

In dem ersten Frühlicht ritten Andrei und Mirea wieder von

dannen und waren nicht wenig überrascht, aus einem Fenster mit Blumen überschüttet zu werden. Wie[3] sie aber in die Höhe blickten, flog das Fenster zu und sie sahen niemand.

Dieser Tag war der Anfang von einer langen Reihe von Besuchen und Gegenbesuchen, von Jagden, Ritten und heimlichen Stunden, der Plauderei gewidmet.

Rolanda konnte auch ihre trüben Stunden haben, in denen sie noch viel anziehender wurde; dann sprach sie von den toten Eltern, und wie sie so ganz allein sei auf der Welt; der Großvater werde nicht lange mehr leben, und dann wisse sie nicht, wohin.[4]

„O welche Beleidigung!" rief Andrei, „sind wir nicht Deine Brüder? Ist bei uns keine Heimat für Dich?"

„Hat die Mutter Dich nicht lieb?" fügte Mirea hinzu.

Wieder zog Frau Roxanas Herz sich ängstlich zusammen, und doch hatte sie das wilde Kind unendlich lieb gewonnen.

Kurze Zeit nach diesem Gespräche erklang rasender Hufschlag den Berg hinauf, zum Hofe herein; es war Rolanda ohne Mütze mit flatternden Locken. Totenblaß stürzte sie zu Frau Roxana herein:

„Ich bitte Euch um Gotteswillen, behaltet mich bei Euch! Der Großvater ist tot, ich habe ihm die Augen zugedrückt, ich habe ihn gewaschen und angezogen und in den Sarg und ins Grab gelegt und habe mich nicht gefürchtet; aber da sind die Verwandten gekommen, eine ganze Schar und haben sich um das Erbe gestritten und gerauft und haben mich wütend gescholten, da er mir etwas vermacht, und einer mit einem kahlen Scheitel begehrte mich gleich zur[1] Frau! Hu! Da habe ich mich gefürchtet! So ein Kerl! Ich habe ihm aber gesagt, daß ich Urlanda heiße und so böse bin, daß mich gar niemand heiraten kann. Ich will auch gar keinen Mann, ich will bei Euch bleiben, so lange Ihr mich nicht hinausjagt!"

Frau Roxana hatte alle Mühe, die hervorsprudelnden Worte zu verstehen und hatte dann noch mehr zu thun, das aufgeregte Mädchen zu beruhigen. Sie zog sie an ihr Herz, glättete die wilden Locken und führte sie dann in die kleine weiße Kammer, die sie schon oft bewohnt, und sagte ihr, hier solle ihr Heim sein, so lange ein Dach über dem Hause sei.

Rolanda warf sich ihr in die Arme und küßte ihre Hände und versprach, so sanft zu werden, so sanft, wie ein großer, stiller See! Frau Roxana lächelte und meinte, die Sanftmut werde kommen, wenn sie einmal Frau[1] sei.

„Aber ich will keine Frau werden, ich will immer ein Mädchen bleiben und frei, frei, wie ein Vogel!"

Frau Roxana seufzte ganz leise und horchte auf die Stimmen ihrer Söhne, die eben heimkamen und zuerst nach Rolanda fragten, die sie hatten[2] von fern heranlaufen sehen.

Es[3] war eine merkwürdige Wandlung in dem Benehmen der Brüder, seit der Stunde, daß Rolanda bei ihnen war. Sie hatten sie als ihre kleine Schwester begrüßt, worauf das junge Mädchen plötzlich schüchtern und befangen ward. Sie gingen von nun an viel mehr hinaus, als früher, aber nicht mehr mit einander, sondern auf getrennten Wegen, und Rolanda blieb viel bei der Mutter, war zerstreut und träumerisch und weinte heimliche Thränen. Wenn sie sich unbemerkt glaubte, sah sie oft von einem Bruder zum andern und wieder zurück, als wollte sie etwas entdecken, das ihr dunkel geblieben. Noch jetzt verwechselte sie die beiden oft, dann lachte sie aber nicht, sondern blickte ängstlich zur Mutter hinüber. Frau Roxana sah mit Betrübnis, wie eine düstere Wolke über ihrem Hause sich zusammenzog, und weinte noch viel heimlicher als Rolanda, seitdem jeder ihrer Söhne einzeln ihr in der Dämmerstunde seine große, unendliche, unbezwingbare Liebe gebeichtet und hinzugefügt hatte:

„Glaubst Du, mein Bruder liebt sie auch? Er ist so verändert! Und wem von uns wird ihr Herz sich zuneigen?" —

Frau Roxana trug manche Kerze ins Bergkirchlein zu Lespes[1] und hoffte durch die mühsame Wallfahrt den Himmel günstig zu stimmen, daß nicht ein großes Unglück über sie hereinbreche.[2]

Rolanda war in der letzten Zeit in unbeschreiblicher Aufregung; denn an dem nämlichen Tage hatten Mirea und Andrei, ohne von einander zu wissen, jeder ihr seine Liebe gestanden, und das arme Mädchen erforschte vergebens ihr Herz; sie hatte eben beide lieb, viel zu lieb, um einen unglücklich zu machen; sie konnte sie [3] auch in ihrem Herzen nicht von einander trennen, so wenig wie mit den Augen. Sie wolle Frau Roxana nichts sagen, um ihr nicht wehe zu thun, und sah, wie die Brüder sich [4] nicht mehr mochten [5] und sogar scharfe Worte wechselten, was sonst nie geschehen.

Da rief eines Tages Frau Roxana die drei zu sich und sprach:

„Ich habe Eurer Herzen [1] schweren Kampf schon allzulange mit angesehen. Einer von Euch muß ein schweres Opfer bringen, damit der andre glücklich werde." [2]

„Ja, einer von uns muß [3] aus der Welt!" sprach Mirea dumpf.

„Um Gotteswillen," rief Rolanda, „doch [4] nicht kämpfen um mich!"

„O nein," sprach Andrei und lächelte wehmütig, „das wäre [5] unmöglich; man kann allein gehen."

Frau Roxana hob die Hände: „O Ihr gottlosen Kinder! Habe ich Euch so schwach geboren und erzogen, daß keiner Kraft hat, den ersten Schmerz zu tragen! Rolanda, bis morgen sollst Du Bedenkzeit haben; bis morgen wollen wir Kraft und Mut gewinnen!"

So trennten sie sich.

Andrei aber schlug einen Waldweg ein nach Lespes, kniete im Felsenkirchlein nieder und sprach: „Mein Gott! Du kennst mein Herz und meine *Kraft*! Gieb, daß ich keine Sünde begehe, an mir selbst, an meiner Mutter, an meinem Bruder, an dein Weibe, das ich liebe; sondern, wenn sie mich nicht nehmen will, so mache mich zu Stein, damit ich nichts mehr fühlen muß!" —

Auf einem andern Wege war Mirea auch zur Kirche gekommen und hatte dasselbe gebetet. Sie warfen sich [6] einen traurigen Blick zu und gingen jeder allein nach Hause; denn jeder glaubte, er allein habe [7] das Opfer gebracht.

Frau Roxana erschien am nächsten Morgen bleich wie der Schleier, der die ersten Silberfäden in ihrem Haare bedeckte.

Die beiden jungen Leute sahen aus, als gingen [1] sie in den Tod, nur Rolanda trat freudestrahlenden Antlitzes [2] herein. Es war eine Verklärung über sie ausgegossen, die sie überirdisch schön machte; sie erschien einen Kopf größer und sprach mit sanftem Wohlklang: „Tretet mit mir hinaus, meine einzigen Teuern; unter Gottes Himmel soll die Entscheidung fallen!"

Sie ging ihnen voran, als schwebte sie, nur ihre Hände waren durchsichtig wie Wachs und die Augen, die sie zum Himmel hob waren voll Thränen. Auf schwindelnd steilem Absturz blieb sie stehen und kniete vor Frau Roxana nieder:

„Segne mich, Mutter!" sprach sie. Frau Roxana legte ihre zitternden Hände auf das schöne Lockenhaupt.

„Und jetzt," sprach Rolanda mit heller [3] Stimme, „jetzt hört mich an! Ich habe Euch beide so lieb, so unendlich lieb, mehr als mich selber, mehr als mein Leben, darum kann ich mich keinem geben, aber wer mich aus dem Abgrund holt, des [4] Weib will ich sein!"

Noch ehe einer die Hand ausgestreckt, flog sie wie ein Vogel über den Felsenrand in die unermeßliche Tiefe. Aber — o Wunder! — im Stürzen [5] verwandelte sie sich in einen schäumenden Wasserfall, in der Luft zerstäubend, wie ein bräutlicher Schleier. Die beiden Brüder wollten ihr nachstürzen, konnten aber nicht, denn ihre Füße wurden [1] Felsen, ihre Arme Felsen, ihre Herzen Stein, und so ragten sie zum Himmel empor.

Die unglückliche Mutter aber breitete die Arme aus und rief: „Und ich allein soll leben! O Himmel, hast Du denn kein Erbarmen?" Und mit ausgebreiteten Armen fiel sie zur Erde, ihre Kinder umklammernd. Und siehe, wo sie lag, verwandelte sich alles in dichtes, weiches Moos, das sich weiter und weiter ausbreitete und die Felsen zur Hälfte einhüllte. So stehen sie noch und werden immer so stehen, die wilde, bräutlich weiße Urlatoare, die opferfreudigen Söhne, die Jipi, und deren treue, zärtliche Mutter.

III

Die Hexenburg

Wenn man im Prahovathal[1] hinaufgeht, so kann man Cetatea Babei,[2] „die Hexenburg," nicht sehen, weil sie hinter dem Bucegi,[3] liegt. Sie ragt als spitzer[4] Kegel empor und scheint[5] mit Ruinen bedeckt; von dort bis zu den Jipi[6] liegt ewiger Schnee.

Vor[7] langen, langen Zeiten, als noch die Wölfe[8] die Herden hüteten, und Adler und Tauben bei einander nisteten, stand dort eine stolze Burg, in der es[9] sehr emsig zuging. Immerfort trippelten hundert eilige Schritte hin und her. Bei Nacht aber brannte im Turm ein Licht und schnurrte ein mächtiges Rad, und ein merkwürdiger, leiser Gesang schwebte über dem Schnurren und schien damit Takt zu halten. Die Leute im Thal blickten scheu hinauf und flüsterten: „Sie spinnt wieder!" Die[10] aber dort oben spann, war die Herrin der Burg, eine schlimme Zauberin, der die Bergmännlein alles Gold aus dem Erdenschoß brachten, damit sie für alle Bräute den Goldfaden[11] spänne,[12] der am Hochzeitstage ihre Häupter schmückt. Das Gold wurde in Massen bei[13] ihr ausgeschüttet; sie wog und wählte und wehe dem Bergmännlein, welches[14] das gehörige Maß nicht gebracht; das wurde zwischen Stamm und Rinde eines mächtigen Baumes geklemmt, bis es das letzte Körnchen Goldes[1] hergegeben, oder es wurde ihm nur der Bart eingeklemmt, und da konnte es zappeln und ach und wehe schreien, — die Alte machte taube Ohren. Sie hatte darum den Namen Baba Coaja[2] bekommen, „Mutter Rinde," oder, weil sie so hart war wie eine Brotkruste, und so runzelig wie eine alte Eiche. Sie allein verstand die Goldfäden zu spinnen und machte sie im voraus für viele hundert Jahre. Eine wunderschöne Tochter hatte Baba Coaja, die hieß Alba,[3] „die Weiße," denn sie war weiß wie der Schnee, der die Bergspitzen beständig bedeckt. Sie hatte eine Haut wie Samt und braune Augen wie Samt, und Haar wie die Goldfäden, die die Mutter spann.

Sie war immer eingeschlossen, denn Baba Coaja hatte viel Arbeit für sie, und es[4] sollte sie auch niemand sehen und keiner freien, Sie mußte die Goldfäden aufwinden und in unterirdischen Kellern schichten, für alle die hundert und hundert Jahre.

Diese Arbeit war aber der holden Maid sehr zur Last, weil die Mutter allerlei böse Sprüche und Zauber sang und murmelte, während sie spann, so daß jeder Braut schon ihr Teil Unglück und Herzeleid mitgegeben war, sobald die Goldfäden auf ihrem Haupte geruht, und Alba gedachte traurig des Ungemachs, das so im voraus bestimmt wurde. Ja, sie setzte sich sogar einmal selbst ans Rad, während die Mutter fort war, und spann ein Stück, indem sie nur gutes wünschte. Als aber Baba Coaja nach Hause kam, wurde sie ganz wütend, schlug ihre Tochter unbarmherzig und sagte: „Du sollst nicht eher heiraten, als bis Du Dein eigenes Gespinst wieder erkennst!" und damit[1] warf sie das Stück zu dem übrigen.

Die Alte war im Herzen froh, daß sie einen Vorwand hatte, ihre Tochter bei sich zu behalten, da ihr prophezeit war, Alba werde[2] sehr unglücklich werden und früh sterben. Das einzige Wesen auf der Welt, das sie lieb hatte, war ihr holdes Kind; wie[3] sehr sie sich aber bemühte, Alba[4] Freude zu machen mit schönen Kleidern und allerhand hübschen Sächelchen, — sie brachte doch keine Farbe in ihre Wangen und kein Lachen in ihre Augen; denn das einzige, wonach sich das Mägdlein sehnte, war Freiheit, und die ward ihr nicht zu teil. Wie gern[5] wäre sie einmal unter den Bäumen gewandelt, die den Fuß des Berges schmückten, auf dem sie lebte. Dort oben wuchs nichts als kurzes Gras, und es war länger Winter als Sommer. Wenn der Wind um die Burg heulte und tobte, als wollte er sie in Stücke reißen, dann wurde es[6] ihr so traurig ums Herz; oft saß sie vor dem Kamin und starrte ins Feuer, sah dem Funkensprühen zu und dachte an gar nichts.

Manchmal lauschte sie den unheimlichen Gesängen der Mutter, während das Schnurren des Rades und das Heulen des Sturmes sich mischten, und dann dachte sie darüber [1] nach, warum ihre Mutter den Bräuten soviel Bitternis in die Goldfäden spinne, [2] warum denn die Menschen nicht froh und glücklich sein dürften in dem schönen Sonnenschein, der doch immer fröhlich aussähe. Aber sie konnte niemals den Grund finden und schlief ein vor lauter Denken.

„Mutter," sagte sie einmal und stützte das Kinn auf die Hand, — „sind denn die Menschen gerade so wie Du und ich, oder haben sie eine andere Gestalt und andere Gedanken?"

„Was gehen Dich die Menschen an? Sie sind alle sehr böse und würden Dir nur übles thun, wenn sie Dich bekommen könnten."

„Aber neulich kam ein wunderschönes Tier unsern Berg herauf, und darauf saß einer, der war viel schöner als alle Bergmännlein; er hatte schwarze Locken und gar keinen Bart [3] und einen Purpurmantel — war das kein Mensch?"

Die Alte erschrak heftig bei dieser Rede und sprach: „Wenn *der* [4] noch einmal hier heraufkommt, so werde ich ihm den Hals brechen, und die [5] im Thale werden ihn nie wieder sehen!"

„O Mutter! Thu das nicht! Er war so schön!"

„Wenn Du noch einmal an ihn denkst, so sperre ich Dich in den Keller, das sage ich Dir und lasse Dich Gold wiegen Tag und Nacht; Du thust [6] so wie so [7] schon gar nichts mehr in der letzten Zeit und sitzest immer so [8] da und stellst unnütze Fragen. Hast Du denn nicht alles, was Dein Herz begehrt?"

„Nein, Mutter, ich möchte auch ein so schönes Tier haben und darauf sitzen. Hier sind immer nur Schafe, auf denen [1] kann man nicht sitzen."

„Jetzt willst Du gar noch ein Pferd haben, Du thörichtes Kind! Siehst Du denn nicht, daß es lebensgefährlich ist, hier zu reiten? Das Gras ist glatt, und die Abgründe sind tief, und ein Fehltritt, so liegt man zerschmettert da unten!"

Alba dachte lange darüber [2] nach, warum es für die Pferde gefährlich sei, da doch die Schafe so sicher gingen; sie bekam aber auch hierauf keine Antwort, da sie nicht zu fragen wagte. Die Bergmännlein kamen ihr nun noch viel häßlicher vor, als früher, und das Gold war ihr so zuwider, sie konnte es gar nicht mehr sehen. Sie dachte nur an das schöne, schöne Pferd und an den Jüngling, dem es den Hals kosten sollte, wenn er sich wieder sehen ließe.[3] Warum wollte ihm die Mutter den Hals brechen? Auch hierauf fand sie keine Antwort, wie sehr[4] sie auch nachdachte. —

Einige Zeit darauf ritt der schöne Jüngling wieder den Berg empor; ihn reizte die Neugier, zu sehen, wer in der gewaltigen Burg wohne, deren Mauern aus lauter Felsblöcken bestanden.

Er war ein Königssohn und hieß Porfirie[5] und war nicht[6] gewohnt, etwas nicht zu können; seiner stürmischen Natur war jede Schwierigkeit willkommen. Wenn man ihm vom Heiraten sprach, sagte er, er wolle seine Braut einem[1] Drachen entreißen oder von einem Felsen pflücken, nur nicht so ganz gemütlich Freiwerber schicken und eine gewöhnliche Hochzeit machen.

Alba war gerade damit[2] beschäftigt sich zu schmücken, als Zeitvertreib, nachdem sie den[3] ganzen Morgen Gold gehaspelt. Sie hatte Hände und Gesicht gebadet, das lange Haar mit dem Elfenbeinkamm gekämmt, um die Stirn eine doppelte Perlenreihe gelegt, in welche sie seitwärts eine Alpenrose[4] steckte. Ihr Gewand war weiß, mit goldenem Gürtel, darüber kam[5] ein grüner Samtmantel, der mit Perlenketten von einer Schulter zur andern befestigt war. Um das schneeweiße Hälschen legte sie Smaragden, so groß wie Taubeneier, ein Geschenk der Bergmännlein, und dann betrachtete sie sich im Spiegel, in dem sie aber nicht sehen konnte, wie ihr goldenes Haar schimmernd auf dem grünen Samt lag. Nein, sie mußte wirklich schlecht sehen,[6] oder der Spiegel war schlecht; denn jetzt schlug sie sich ins Gesicht und rief: „Wie häßlich bin ich! Nein, wie häßlich! Darum versteckt mich die Mutter vor allen Menschen, und giebt mir schöne Kleider und Juwelen, wie einer Königin, um zu vergessen, wie häßlich ich bin!"

In dem[7] Augenblick erklangen Hufe auf den Felsen und mit entsetzensstarren Augen erblickte sie den schönen Fremden, dem es den Hals kosten sollte,[8] wenn er wieder auf der Burg erschiene. Er mußte gewarnt werden, um jeden Preis. Wie eine Gemse flog sie bergab, mit wehendem Mantel und flatternden Haaren,[1] in denen sich[2] die Sonnenstrahlen zu fangen schienen.

Der junge König sah sie über die Felsen daherfliegen, als[3] berührte ihr Fuß die Steine nicht, und hielt sein Pferd an in staunender Bewunderung. Er fragte sich, welch' Königskind, welche Bergfee ihm da entgegenflöge, und nun winkte sie mit beiden Armen und rief atemlos: „Zurück! zurück! Komm' nicht hier herauf! Es wäre Dein Tod!"

„Und wäre es mein Tod," rief er, „so würde ich fröhlich sterben, da ich die schönste Maid erblickt, die je auf Erden gewandelt!"

Alba blieb vor ihm stehen, ein leises Rot überflog ihre Wangen, und ihn mit großen[4] Augen anschauend sagte sie: „Bin ich denn schön?"

„Ja, wunderschön, so reizend bist Du mit Deinem goldenen Haar und Deinen goldenen Augen, daß ich Dich liebe, von dieser Stunde an!"

„Und ich liebe Dich auch!" sagte die unschuldige Maid, die nicht wußte, daß man unter[5] den Menschen gewöhnlich nicht sagt, was man denkt. —

„Aber sage nicht, mein Haar sei golden, Gold ist ja[6] so häßlich!"

„Häßlich?" Der Königssohn lachte. „Das habe ich noch nie gehört? Hast Du denn so viel Gold gesehen, daß Du es häßlich findest?"

„Ach ja, ich sehe ja nichts als Gold, statt grüner Bäume nur Gold, statt Blumen Gold, statt Menschen Gold, solche Haufen!" sie breitete ihre Arme aus und drehte sich um sich selbst. „O wie viel lieber[1] möchte ich auf dem schönen Tier sitzen! Ich habe noch nie ein Pferd gesehen, darf ich's anrühren?"

„Ja, freilich, streicheln [2] sogar und zu mir heraufsteigen auch; Du sollst reiten, so lange Du willst!"

Er hieß [3] sie, ihren Fuß auf den seinigen stellen und beide Hände in die seinigen legen, so zog er sie vor sich auf den Sattel, schlang den Arm um sie und gab dem Pferd die Sporen. Er dachte, sie würde sich fürchten; das fiel der holden Unschuld aber gar nicht ein, denn sie kannte keine Gefahr. Sobald der Boden weich wurde, gab er die Zügel nach, und fort jagten sie, bald unter dem Waldesschatten, bald über blumige Wiesen.

Alba jauchzte, klatschte in die Hände und rief: „Schneller! noch schneller!"

So kamen sie in die Nähe der Stadt, die sie durchreiten mußten, um auf einen Hügel zum Königsschloß zu gelangen. Da wurde es [4] plötzlich der Maid bange:

„Sind das alles [5] Menschen?" fragte sie, als sie im Schritt durch die Straßen ritten. „Und die kleinen Häuser bläst der Wind nicht um?"

„Nein!" lachte Porfirie. „Hier weht der Wind nicht so, wie dort oben bei Euch!"

„Hier, meine Leute," rief er, „hier bringe ich Euch Eure Königin! Sie ist eine Wunderblume, und ich habe sie mir vom Felsen gepflückt."

„Aber ich bin keine Königin!" sagte Alba erschrocken.

„Ich, ich bin ein König, und da Du mein Weib wirst, so wirst Du Königin!"

„Dein Weib? Aber ich sollte ja keinen Mann haben, sagte meine Mutter."

„Das hat sie nur so gesagt, weil sie wußte, daß keiner Dich haben sollte, außer mir!"

„Bist Du denn gar nicht böse?"

„Nein, ich bin nicht böse."

„Du bist also kein Mensch?"

„Doch, das[1] bin ich."

„Aber die Mutter sagt, alle Menschen sind böse, und ich soll nichts mit ihnen zu schaffen haben."

„Wer ist denn Deine Mutter?"

„Das weiß ich nicht; sie spinnt Gold."

„Spinnt Gold? Zu was[2] denn?"

„Für Bräute; aber ich will kein Gold bei meiner Hochzeit haben!" fügte sie rasch hinzu und griff nach ihrem Kopfe, als müßte sie ihn vor der schlimmen Berührung schützen.

„Das wird aber doch nicht anders gehen,"[3] sagte Porfirie, „die Leute würden sich wundern. Hier bin ich zu Hause, jetzt reiten wir in den Hof ein, und Du mußt mit meiner Mutter freundlich reden."

„Ist sie alt und häßlich?"

„Nein, sie ist sehr schön und stolz."

„Was ist stolz?" sagte Alba.

Porfirie sah ihr in die Augen; die waren so lauter und rein, wie die Sonne; er drückte die Maid an sein Herz; dann warf er den Dienern die Zügel zu, sprang vom Pferde, hob Alba zärtlich herunter und reichte ihr die Hand, sie die breiten Steinstufen heraufzugeleiten.

Sie traten in einen weiten Saal, da saß eine hohe, stattliche Frau, von[1] vielen Mädchen umgeben, und spann schöne, gelbe Seide. Alle erhoben sich von der Arbeit und blickten voll staunender[2] Freude auf das herrliche Paar, das eben im Glorienschein der untergehenden Sonne unter dem Portal erschien.

„Hier, Mutter," rief Porfirie, „ist Eure[3] liebe Tochter, mein süßes Ehegemahl, das ich ganz nahe beim Himmel gefunden, und ich bin noch[4] gar nicht sicher, daß es[5] nicht ein Himmelsbewohner ist, der jeden Augenblick Flügel bekommen und uns[6] enteilen kann!"

„O Du wunderschöne Frau!" rief Alba und fiel zu den Füßen der Königin, die sie gütig aufhob und küßte.

„Und Du spinnst auch, nur viel, viel schöner als meine

Mutter; denn was Du spinnst, ist so zart und fein wie Schneeflocken und Blumenblätter!"

„Was spinnt denn Deine Mutter?"

„Ach immer das harte, häßliche Gold!"

„Gold!" scholl es rings im Kreise, manche lachten und glaubten es nicht.

„Kannst Du auch Gold spinnen?"

„Ich kann, aber darf nicht."

„Warum nicht?" Sie öffnete die Lippen, um zu sagen, was ihre Mutter beim[1] Spinnen thue, aber plötzlich überkam sie eine merkwürdige Befangenheit und das Gefühl, wie böse man sie ansehen würde, wenn die Mädchen wüßten, von[2] wem ihnen alles Unheil in den Brautschleier gesponnen würde. Und dabei sahen sie alle so froh und so lieb aus, die bösen Menschen, vor denen die Mutter sie gewarnt, eigentlich viel besser, als ihre Mutter, vor der sich die Bergmännlein so entsetzlich fürchteten.

Sie wurde von ihrer Pein erlöst, indem eines der Mädchen flüsterte:

„Das Kleid ist Samt, echter, weißer Samt!" „Und die Juwelen? Von wem sind die Juwelen?" sagte eine andere etwas lauter.

„Von meinen Freunden," antwortete Alba. „Wollt Ihr sie haben? Ich habe noch viel solches Spielzeug zu Hause," und die Smaragden vom Halse lösend, gab sie jedem der Mädchen einen derselben.

Mit den Perlenschnüren hätte[3] sie es ebenso gemacht, wenn die Königin sie nicht daran verhindert hätte.

„Sind denn Deine Freunde so reich?" fragte sie.

„Das weiß ich nicht. Was ist denn reich? Sie bringen alles in Säcken aus der Erde herauf, und wenn sie nicht genug bringen, so werden sie gestraft."

Da wurde das Gesicht der Königin finster, sie nahm ihren Sohn bei Seite und sprach: „Das Mägdlein ist keine andere, als die Tochter der abscheulichen Hexe Baba Coaja. Führe sie schnell wieder dahin, wo Du sie geholt hast, sie bringt nur Unglück in unser Haus."

„Nur das fordere nicht von mir, Mutter," sprach der junge König erbleichend. „Ich liebe die holde, unschuldsvolle Maid mit allen Gedanken, mit dem Blut in meinen Adern, mit jedem Atemzug! Und wäre[1] sie Baba Coaja in eigner Person, ich könnte nicht von ihr lassen!"

Die Königin seufzte und befahl, der Maid eine Kammer neben ihrem Gemache zu bereiten, und am nächsten Tage sollte die Hochzeit sein. Die Königin wollte mit eigner Hand die neue Tochter schmücken; sie hatte aber einen schweren Kampf mit ihr zu bestehen, da diese durchaus keinen Goldfaden auf ihr Haupt haben wollte. Sie entfloh durch das ganze Schloß, wie ein gescheuchtes Reh, sie warf sich auf die Erde, unter die Decken, die die Diwans schmückten, sie bat und flehte mit herabströmenden Thränen, man möge[2] sie verschonen. Die Königin solle ihr etwas von ihrem schönen Seidengespinst auf die Haare legen, nur daß schreckliche Gold nicht!

Während sie aber knieend bat und jammerte, gab die Königin einen Wink; zwei Mädchen banden ihr die Hände, während die dritte den goldenen Schleier befestigte. Alle erwarteten nun einen Ausbruch von Zorn und Verzweiflung. Aber Alba ward ganz still. Bleich wie der Tod neigte sie das Haupt unter der Last: „Du bist härter als meine Mutter!" sagte sie; „die[1] wollte mich keinem Manne geben, damit ich nicht unglücklich würde,[2] Du aber rufst selber das Leid auf mich herab!"

Niemand verstand diese Rede, und Alba war nicht dazu[3] zu bewegen, sie zu erklären, was das allgemeine Mißtrauen vermehrte. Sie sah so traurig aus, daß das Volk in ihr gar nicht mehr die strahlende Maid von gestern erkannte, und alle Worte der Liebe ihres jungen Gemahls konnten nicht die Wolken von ihrer Stirn scheuchen.

Am[4] Hofe war aber bald von nichts anderem mehr die Rede, als von den ungezählten Schätzen der jungen Königin, und viele trieben den König, sich dieselben in der Nähe zu betrachten. Ihm[5] war es nicht um die Schätze zu thun; er dachte nur daran,[6] sein junges Weib wieder lächeln zu sehen, und meinte, wenn er ihr die Sachen holte, die sie besessen, so werde sie fröhlich werden.

Sowie sie aber hörte, Porfirie beabsichtige nach ihrer Burg zurückzureiten, erschrak sie heftig und bat und beschwor ihn, das nicht zu thun! „Es wird Dein Tod sein, ganz gewiß!"

Er aber ließ[7] sich nicht bereden, und je[8] mehr sie ihm die Gefahr schilderte, die ihn dort erwarte, um so mehr reizte ihn eben diese Gefahr, und ganz heimlich machte er sich auf den Weg, als sie noch im tiefen Schlummer lag. Mit wenigen Begleitern sprengte er zur Burg von Baba Coaja hinan. Die aber sah ihn von weitem und rief ihm entgegen:

„Fluch über Dich, der Du mein Kind entführt hast, um es unglücklich zu machen! Da, sättige die Habgier, die Dich zu mir zurücktreibt, Du Unglücklicher! Ich habe nichts nach Dir gefragt, was[1] suchst Du mich?"

Mit diesen Worten schüttete sie Juwelen in endlosen Massen auf die Reiter nieder; die Edelsteine aber wurden in der Luft zu Eis und Schnee und wirbelten dergestalt,[2] daß die Unglücklichen sich nicht wehren konnten, und geblendet den Weg nicht mehr sahen. Die meisten stürzten in den Abgrund; der junge König aber, der im Rachedurst sich der Burg näherte, um die Alte zu erwürgen, ward dermaßen eingehüllt, daß er bald kein Glied mehr rühren konnte, und bevor er noch ein Wort hervorbrachte, war er tief unter dem Schnee begraben. Baba Coaja lachte hämisch und sagte:
„Jetzt wird sie kommen, zu ihm, und nicht zu mir, aber sie kommt zu mir und nicht zu ihm! Ich habe[3] mein Kind wieder, das nicht in der bösen Welt bleiben soll, und unter den Menschen, die ich hasse!"

Und wirklich dauerte es nicht lange, da eilte Alba, vom Wandern matt, im weißen Samtkleide, daß vom Staube befleckt war, den Berg herauf.

„Wo, wo ist er?" fragte sie mit blassen Lippen.

„So!" sprach die Alte, „mir[4] bist Du entlaufen, mit einem fremden Mann, und kommst wieder und fragst nicht nach mir, sondern nach ihm? Er ist nicht hier!" —

„Doch,[1] doch, ich fand seine Spur, bis zu dem Schnee dort!"

„Weiter kam er auch [2] nicht!" lachte die Alte. „Er ist in Deinen Edelsteinen erstickt!"

Mit einem furchtbaren Schrei stürzte Alba auf die Schneefläche und begann mit ihren Händen sie wegzuscharren. Aber umsonst. Zu schwer lag die Decke, die den Geliebten verhüllte, zu fest war sie gefroren! Mit dem Ausruf: „O, Mutter! Mutter! Was hast Du mir gethan?" fiel Alba tot neben Eis und Schnee hin. Baba Coaja stieß einen so furchtbaren Fluch aus, daß der Berg wankte, ihre Burg zusammenstürzte und sie samt ihrem Golde unter ihren Trümmern begrub. —

An der Stelle aber, wo die schöne Alba ihr Leben ausgehaucht hatte, keimte eine weiße Blume in weißem Samtkleide auf, die man seitdem „Alba Regina,"[3] zu deutsch „Edelweiß,"[4] genannt hat. Sie blüht nur dicht beim ewigen Schnee, der den Geliebten bedeckt, so weiß und rein, wie sie selber war. —

Vielleicht verwandelt sich der Schnee einstmals wieder in Edelsteine, wenn ihn eine unschuldsvolle Jungfrau betritt. —

Das Stück Goldfaden, das Alba gesponnen, sucht man noch immer, und jede Braut hofft, sie habe es erhascht; darum fürchtet sich keine vor den Goldfäden,[5] die so gefährlich sind, sondern jede glaubt, ihr sei das Glück beschert.

IV

Der Tschachlau

In der Moldau[1] steht ein mächtiger Berg, fast so hoch wie der Bucegi;[2] der heißt der Tschachlau; er erscheint sogar höher als der Bucegi, weil er ohne Vorberge gerade aus dem Thal emporsteigt und seinen schneegekrönten Gipfel leuchten läßt, als ein Wahrzeichen rumänischen Heldentums.

An einem Morgen, sehr frühe, stieg ein berühmter alter

Bärenjäger mit leichten Schritten den Berg empor.

Mosch [3] Gloantza war weit und breit wegen seiner kühnen Jagden bekannt; er ging [4] sogar in die Höhle des Bären, mit einem brennenden Wachslicht am Ende des Büchsenlaufs und schoß den Baren tot. Ein guter Erzähler war er auch, Mosch Gloantza, der gern den jungen Leuten die Zeit vertrieb und von ihnen wohl gelitten war.

Jetzt kam er in einen dichten Nebel, den er aber bald durchschritten hatte, und über demselben schien die aufgehende Sonne auf eine enge Felsplatte und auf das lieblichste Bild, das sie nur [5] bescheinen konnte: eine Schar junger Mädchen war dort um ein Muttergottesbild [1] versammelt, das sie eifrig mit Kränzen und Blumen schmückten, während sie durch die weißen, wogenden Nebel von der ganzen Welt abgeschnitten waren.

Als Mosch Gloantza die Felsplatte erreichte, zuckte ein Blitz zu seinen Füßen und dröhnte ein Donner, wie Erdbeben, von unten herauf.

„Ah! Mosch Gloantza!" scholl es [2] von allen Seiten. „Willkommen hier oben! Wir bringen der Mutter Gottes Blumen, weil sie hier immer Wolken hat, und siehe, nun hat sie schon den Segen gesandt! Jetzt erzähle uns was, [3] erzähle!" —

Der alte Mann schob die Pelzmütze zurück und die buschigen Augenbrauen in die Höhe:

„Was soll ich denn erzählen?"

„Von alten, alten Zeiten!" riefen die Mädchen, zogen ihn auf ein Felsstück nieder und sammelten sich um ihn, die einen setzten sich ihm zu Füßen, die andern blieben vor ihm stehen, noch andere erschienen lachend auf den Felsen über ihm und legten sich dorthin, um besser zu hören. Er aber hub an:

„Wißt ihr denn, wer den Tschachlau gemacht hat?"

„Nein" — „Ja! o gewiß!" scholl es ringsum; „der liebe Gott [4] natürlich!"

„Fehlgeschossen!" [5] rief der Alte, „der liebe Gott hat die Sonne gemacht und die andern Berge und die Flüsse, aber den Tschachlau, den [6] haben die Rumänen gemacht."

„Die Rumänen?" riefen die Mädchen, wie aus einem Munde.

„Vor langen, langen Jahren, es [1] weiß kein Mensch, wie lange, da war hier ein großer Krieg. Die Feinde, die zum Dniestr [2] heranrückten, waren gar nicht wie Menschen, sondern wie wilde Tiere. Sie waren klein und krumm [3] und hatten flache Gesichter, so gelb wie Zitronen, und ihre Augen waren so klein, daß man sie gar nicht sah. Sie waren mit ihren Pferden zusammengewachsen [4] und jagten dahin, wie die Heuschrecken mit dem Ostwind. Wo [5] sie hinkamen, da war alles im Umsehen verzehrt und blieb nichts zurück als der nackte Boden. Die Kunde von ihnen hatte das Land mit Schrecken erfüllt, doch waren die Rumänen entschlossen, ihren Boden bis aufs äußerste zu verteidigen. Sie verbündeten sich mit einem andern Volke, das war von heller Haut, blauäugig [6] und hoch gewachsen, mit langem, gelbem Haar, von dem einige mit dem Messer in Holzstäbe [7] schreiben konnten, und vereint zogen sie an den Dniestr, die Schwärme von grausamen Heuschrecken nicht herüberzulassen. Der Kampf war lang und heiß, und das Wasser des Dniestr war rot von Blut und schwer von Leichen, aber die Leute ohne Augen ließen sich durch nichts erschrecken. Und wie viele man ihrer auch [8] tötete, es kamen mehr und mehr, immer drei für einen, der gefallen war. Sie hatten vergiftete Pfeile, die den [9] sichern Tod gaben, und wenn sie in nächster Nähe einen [10] abgeschossen, so jagten sie davon, um mit Lanzen wieder vorzustürmen. Die Leichen im Dniestr bildeten endlich eine Brücke, über welche die kleinen Pferde herüberkamen, und die Rumänen mußten sich hinter den andern Fluß, den Pruth, [1] zurückziehen, um sich dort von neuem zu verteidigen. Die Schlacht dauerte acht Tage; blutrot ging die Sonne auf, und blutrot ging sie unter, und blutrot waren Fluß und Feld. Endlich sprach der Fürst [2] der gelbhaarigen Leute: „Wir müssen weichen, aber wo finden wir ein Bollwerk gegen diese Drachen?"

„Wir haben noch ein schönes Land!" riefen die Rumänen, und zeigten den Weg. Da rief ihr weiser Fürst:

„Hört mich an, Ihr Mannen! [3] Ein jeder von Euch nehme [4]

eine Hand voll Erde und werfe sie vor sich!"

Sie thaten, wie ihnen geheißen war, und da ihrer so viele waren, hatten sie bald einen großen Berg gebaut, den sie [5] Tschachlau, die Gelbhaarigen aber Kaukland nannten.

Noch bevor die furchtbaren Feinde herangestürmt waren, ragte der Berg in die Wolken, und die Heere lagerten auf demselben in unerreichbarer Höhe. Hier waren sie die stärkeren und schlugen jeden Angriff aus ihrer Höhe ab. Die Drachen unten gedachten aber, sie auszuhungern und umzingelten den Berg, so daß keiner mehr herunter konnte.[6] Bald wurden der Lebensmittel wenige, und aus hohlen Augen sahen die Heere auf die feindliche Flut im Thale, die sich auf ihren Äckern und Weiden sättigte, nachdem sie alle Weiber und Kinder, die sich nicht hatten flüchten können, getötet, und alle Wohnungen in Brand gesteckt hatten.

Das schlimmste war der Durst. Da der Berg noch unbewaldet war, so konnte es[1] auch keine Quellen geben, und jeder Krug Wasser, der aus dem Thal geholt wurde, kostete einem oder mehreren das Leben. In dieser großen Not gingen die Fürsten schon zu Rate, ob sie nicht einen Ausfall machen wollten und kämpfend zu Grunde gehen.

Da trat ein Hirte vor sie hin, jung und schön, mit langen schwarzen Locken und Augen, schwarz wie Kohlen, der sprach: „Ich habe Tag und Nacht gesonnen, den Drachen da unten den Untergang zu bereiten; denn sie haben vor meinen Augen meiner geliebten Maid die Brust durchstochen, sie so an einen Baumstamm genagelt, den[2] ihren Pferden an die Schweife gebunden und sie fortgeschleift, daß eine blutige Straße den Weg bezeichnete, auf dem sie von dannen gejagt, bis von der wundervollen Maid nichts mehr da war, als eine lange Haarsträhne, die sich fest um den Baum geschlungen. Ich weiß, wie ich meinen Rachedurst befriedigen kann, wenn ich auch[3] selber dabei den jämmerlichsten Tod erleiden muß. Ich habe den ganzen Berg umgangen, den wir gebaut, und fand eine Stelle, die man loslösen und hinabwälzen kann. Ich will sie Euch zeigen; wenn Ihr tief genug gegraben, so gehe ich hinab und sage den Drachen dort unten, ich wolle ihnen den Weg zeigen, wie sie den Berg stürmen können, und wenn ich den Bucium[4] hören lasse, so wälzt den Berg auf sie herunter, aber nicht eher, damit ihrer[1] genug beisammen sind, und Ihr über Geröll und Leichen entkommen könnt!"

„Wie heißt Du denn, Du Tapferer?" sprachen die Fürste.

„Ich heiße Bujor."

„Weißt Du denn, Bujor, was Dich erwartet, wenn sie Dich als Betrüger erkennen?"

„Ich weiß es," sprach der junge Mann mit gerunzelten Brauen, „ich sah, wie sie die Unschuld behandeln, was werden sie den Schuldigen thun!"

„Und Du fürchtest Dich nicht?"

„Wovor soll ich mich denn noch fürchten, da mir das Leben leid ist, ohne meine Maid, die ich habe sterben sehen! Mich kann der Tod nicht schrecken!" —

Sie gruben nun Tag und Nacht eine tiefe Rinne in den Berg, sie trugen so viele Steine zusammen, als sie nur[2] finden konnten, was alles keine leichte Arbeit war, da sie von Durst ermattet waren. Aber endlich war die Erde genug gelockert, um beim ersten Anprall hinabzustürzen, und Bujor nahm von ihnen Abschied, machte das Zeichen des Kreuzes[3] und stieg zu Thal.

Er sagte den Wachen, er wolle mit dem Fürsten sprechen, er sei dem Verhungern nahe und wolle viele vom Tode retten.

Als er vor dem Gefürchteten stand, schlug dem jungen Manne doch das Herz; denn der Fürst sah ganz entsetzlich aus. Ihr müßt Euch vorstellen, was Ihr Euch nur[4] von Grausamkeit und Bosheit denken könnt, und dann ist das alles noch lammfromm gegen[1] des Drachenfürsten Gesicht.

Er grinste und leckte sich die Lippen, als ihm Bujor erzählte, er wolle ihm eine Stelle zeigen, die ganz unbewacht sei, und an der er leicht den Berg erstürmen könne.

„Wenn Du mich aber irre führst," sprach der Fürst, „so wirst Du so sterben, daß der Tod Dir als süßes Labsal erscheinen wird."

„So geschehe[2] mir," sprach Bujor ernst und bat um einen Trunk Wasser.

Die Nacht brach dunkel und sternlos herein, da rückten die
Feinde zum Tschachlau heran, in schweigsamen Scharen;
die Hufe der Pferde hatten sie mit Heu umwickelt, damit sie
keinen Lärm machen konnten. Bujor ging zwischen zwei
Reitern, die aus ihren Augenschlitzen ihn unverwandt
anschielten. Er ging sehr langsam, damit möglichst viele
dicht am Berge seien, bevor er das Zeichen gab; er wußte die
Stelle genau, wo der Bucium versteckt war, und mit
klopfendem Herzen ging er voran: Wenn es ihm nicht
gelang, sein Horn an die Lippen zu setzen, ohne daß [3] die
Drachen es merkten, was dann? —

Er sah ihre schwarzen Scharen sich dichter und dichter um
ihn drängen; jetzt begannen sie zu steigen, und hier lag der
Bucium.

Bujor nahm ihn fest in die Hand, sah sich noch einmal
unter den Feinden um, machte das Kreuz und blies aus aller
Kraft. In dem Augenblick wurden ihm sämtliche Zähne
eingeschlagen und eine Schlinge um seinen Hals gezogen.
Ehe er aber das Bewußtsein verlor, sah er den Berg sich
bewegen und hörte ein Dröhnen, als wenn der Erdenschoß
sich aufthäte, dann ein Angstgeheul ringsum, und dann lag
er begraben, inmitten von tausenden von Feinden. Die
Rumänen aber stürmten zu Thal, über Schutt und Erde und
Leichen von Menschen und Pferden fort; es ward ein solches
Gemetzel, daß man noch Jahre nachher nichts als Schädel
und Gliedmaßen fand, wie Maiskörner geschichtet. Die
Feinde wichen zurück, und die Rumänen bahnten sich [1] den
Weg in die Berge, wo sie geborgen waren; die Drachen
gaben es endlich auf, sie zu verfolgen, und jagten in andere
Länder davon, sie [2] zu verheeren.

Bujor war aber nicht tot; ein Stein hatte ihn gedeckt,
anstatt [3] ihn zu zerschmettern, so daß die nachstürzende
Erde leichter auf ihm geschichtet lag und ihm etwas Luft
gewährte.

Nach mehreren Stunden kam er zu [4] sich und spürte die
Schlinge an seinem Halse; als er sie losmachen wollte, fühlte
er eine erkaltete, steife Hand, die sie hielt und die er nicht
öffnen konnte. Er gedachte, sie mit den Zähnen zu
zerbeißen, da merkte er, daß er keine Zähne mehr hatte, und
wenn er sich zu viel bewegte, rollte die Erde herab und

beengte mehr und mehr den Raum, in welchem er atmete.
Da kroch er langsam an die tote Hand heran, lockerte die
Schlinge und zog den Kopf heraus. Jetzt konnte er sich
rühren. Mit großer Vorsicht begann er, wie ein Maulwurf,
die Erde wegzukratzen, den Platz unter dem Stein
schonend, daß er atmen konnte. Er mußte oft absetzen,
denn immer, wenn er glaubte, Luft zu haben, stieß er auf
einen Toten, den er nicht aus dem Wege räumen konnte.

Aber endlich, endlich ward eine Stelle hell, so weit wie die
Dicke eines Fingers, dann wie eine Hand, und wie trunken
sog er die Luft ein, die hereinströmte. Mit letzter
Anstrengung arbeitete er sich frei. Als er den Tag sah, ward
er ohnmächtig. Wie lange er so gelegen, wußte er nicht. Als
er die Augen aufschlug, war es ringsum totenstill; Freund
und Feind waren verschwunden, und was[1] unter dem
Berge begraben lag, das stand nicht mehr auf, um zu
erzählen, was geschehen sei. Bujor kam sich gar nicht vor
wie ein großer Held, der er doch war, sondern wie ein
armes, verlassenes Menschenkind, das gar kein Recht hatte,
am Leben zu sein, da es[2] tot war, für Freund und Feind.
Doch regten sich Hunger und Durst, und er schwankte auf
matten Beinen zu Thal. Lieber wollte er von den Drachen
gespießt und geschleift werden, als so elend Hungers[3] [4]
sterben, allein unter lauter Leichen. Aber kein Feind ließ[4]
sich sehen, und Bujor konnte zum Fluß gelangen, seinen
Durst zu stillen; dann sah er sich um, wo die Seinen
hingekommen sein könnten. Auf[5] Tage im Umkreise gab[6]
es keine Menschen dort; was[7] Beine hatte, war entflohen,
und was nicht fliehen konnte, war getötet. Bujor wandte
sich den Bergen zu; dort konnten die Heere sein, die wie[1]
vom Erdboden verschwunden waren. Er schlug aber einen
falschen Weg ein und kam weiter und weiter von ihnen ab.
Sie waren schon wieder zu Thal gezogen, bevor er sie
erreichte. Endlich war er das[2] Suchen müde und dachte:
„Sie halten mich ja doch für tot, warum suche ich sie noch?"
stieg weiter in die Berge und ward wieder Schäfer, wie er es[3]
früher gewesen.

Wenn er dann abends[4] den Hirten seine Geschichte
erzählte, so lachten sie über seine schöne Erfindung, denn
bis zu ihnen war der Kriegslärm nicht gedrungen, sie hatten

auch die Drachen nicht gesehen und Bujors eingeschlagene Zähne schrieben sie einem Streite zu. Sie sagten: „Bujor erzählt so oft seine Geschichte, daß er sie schon selber glaubt!" —

„Der Arme!" riefen die Mädchen, als Mosch Gloantza still war. „Was machte⁵ er denn dann?" — „Ist er immer dort geblieben?" — „Wurde er nie belohnt, für seine Heldenthat?" so schwirrten die Fragen der Mädchen durch einander.

Mosch Gloantza aber hatte seinen Tabak herausgenommen, seine Pfeife gestopft, rauchte behaglich und schüttelte nur den Kopf zu allen den Fragen. „Geht ihn suchen," sagte er endlich; „vielleicht hat ihm Gott zum Lohn ein langes, langes Leben geschenkt!"

„Dann ist er gar zu alt und unheimlich!" riefen die Mädchen und tanzten eine Hora,⁶ um Bujor zu vergessen.

V

Rîul Doamnei [1]

Unweit dem[2] lieblichen Gebirgsstädtchen Câmpa Lungo[3] windet sich ein frischer, klarer Bach dahin, der Rîul Doamnei, „der Bach der Fürstin" genannt. Dieser Bach führt Gold in seinem Bette, zuweilen Stücke halb so groß wie ein Fingernagel, und es war vor Zeiten Sitte, daß dieses Gold allemal der Fürstin gehörte. Und warum es ihr gehörte, das ging so zu:

In dem Rumänenlande war eine große Hungersnot, eine Hungersnot, wie man seit Menschengedenken nichts ähnliches gesehen. Zuerst waren die Heuschrecken gekommen, in solchen Schwärmen, daß sie die Sonne verdunkelten, und wo sie sich niederließen, da war das schönste Ährenfeld in einigen Minuten kahl wie eine Tenne, die Bäume ohne ein einziges Blatt starrten mit ihren nackten Ästen in den Sommer hinein, dessen ewig blauer Himmel die Hitze immer[4] größer werden ließ, so daß bei Nacht keine

Erfrischung mehr in der Luft war. Sobald alles ringsum abgefressen war, erhob sich die Wolke von Heuschrecken, um sich schnell wieder auf das nächste Grün zu senken. Und so ging es[1] unaufhaltsam fort, und damals war man noch nicht so klug wie heute, wo man die großen Strecken mit Petroleum begießt und das alles dann in Brand steckt. Kanonen gab es auch[2] noch nicht, mit denen man, wenn sie fliegen, darunter schießen und sie so auseinandersprengen kann.

Nach den Heuschrecken waren die Polen von Norden her eingefallen, die Ungarn von Westen und die Türken von Süden, und so wurden die Häuser verbrannt und das Vieh geraubt. Jetzt hatten alle diese Feinde das Land verlassen, hatten aber Fieber und Seuchen unter Menschen und Tieren zurückgelassen. Mit schwarzen Lippen und Wunden am[3] Körper gingen die Menschen umher. Das Vieh verreckte in Massen auf den dürren Feldern, wo es keinen Halm mehr gab. Nur die Hunde und Raben hatten gute Tage. Die Luft zitterte vor Hitze, und auf weite Strecken verbreitete sich ein entsetzlicher Geruch, der wie ein Pesthauch die Menschen niederwarf, so daß sie in wenigen Stunden starben. Man[4] hörte keine Klagen mehr, denn dumpfe Verzweiflung hatte alles zum Schweigen gebracht. Es[5] läutete keine Glocke mehr, es gab weder Sonn-[6] noch Feiertag; auch keine Arbeit, denn man hatte keine Ochsen zum Pflügen und kein Korn zum Säen. Wie Gespenster schlichen die Menschen umher. Kaum fanden sich[7] noch Leute, die Toten zu verscharren. Viele blieben, samt dem Vieh, auf dem Felde liegen.

Die schöne Fürstin Irina[8] fühlte ihr Herz vor Mitleid brechen. Sie hatte alle ihre Juwelen hergegeben für die Armen; sie hatte mit ihrem letzten Gelde Vieh gekauft für die Bauern; das war aber gleich der Seuche erlegen. Sie hatte die Hungernden gespeist, bis sie selbst kaum mehr genug hatte für ihre vier kleinen Kinder. Verzweiflungsvoll stand sie am Fenster, rang die Hände und betete: „Lieber Gott![1] Hast Du mich denn ganz verlassen? Willst Du unser armes Land ganz vernichten? Haben wir denn so viel gesündigt, daß wir solche[2] Heimsuchung ertragen müssen?" — Da kam ein leises, kühles Wehen herein, mit einem so süßen Duft, wie von dem schönsten Blumengarten, und eine silberne Stimme sagte: „Aus einem Flusse wird Dir Hilfe erwachsen. Suche nur!"[3]

Da ging sie zum Fürsten, ihrem Gemahl, und zu ihren Kindern, nahm Abschied und sagte, sie werde bald wiederkommen. Sie wisse, wo zu suchen, um alle von der Qual zu erlösen. Sie that[4] so heiter und so sicher, daß alle Vertrauen und Hoffnung gewannen; denn sie verschwieg ihnen,[5] daß sie nicht einmal[6] wußte, was sie suchen solle.

Sie begann eine mühselige Wanderung in der heißen Sommerglut, den Flüssen nach.[7] Manchmal fand sie noch ein mageres Pferdchen, das sie eine Strecke weit trug, dann aber unter ihrer leichten Last tot zusammenbrach. Sie ging am Olto[8] hinauf, am Gin, am Buzlu, am Sereth, an allen großen und kleinen Flüssen. Spärlich wanden sich diese durchs Gestein, und die sonst so mächtigen Wasser flüsterten kaum noch dahin, wo sie sonst rauschten und brausten.

„Lieber Gott!" betete die Fürstin. „Laß doch[1] eine kleine Wolke erscheinen, wenn ich den Fluß gefunden, der mir helfen soll!" Aber es kam keine Wolke. Sie wanderte zum zweiten Mal den Argesch[2] hinauf und wollte[3] eben traurig umkehren, als sie die Mündung eines kleinen Baches gewahrte, auf die sie vorher nicht geachtet. Zögernd lenkte sie ihre Schritte dahin, mit immer[4] schwererem Herzen, je kleiner und unbedeutender der Bach ihr erschien.

Von den Steinen,[5] auf denen sie ging, ermattet, blieb sie einen Augenblick stehen und seufzte: „Ich finde nichts, gar nichts! Und vielleicht verhungern und sterben unterdes meine Kinder! Vielleicht war mein Gedanke thöricht, ein Hirngespinst, eine Lüge!" Wie[6] sie so sprach, war[7] es ihr, als fiele ein Schatten über sie. Sie dachte, es seien die Thränen, die ihre großen, müden Augen zum ersten Male füllten. Sie wischte sie fort; nein es war ein Schatten in der baumlosen Heide, und wie sie die Augen erhob, hatte sich die Sonne hinter eine ganz kleinen Wolke versteckt, die langsam größer wurde.

Irina begann zu zittern vor freudigem Schreck. Hatte Gott sie gehört, oder war es wieder ein Irrtum? „Lieber Gott!"

betete sie, „wenn dies der Fluß ist, so laß die Wolke größer werden und Regen fallen; denn schon der Regen ist Segen und hilft aus vieler Not!" Sie ging immer ein wenig weiter; ja, die Wolke wurde größer; sie ging schneller, ja, sie lief, bis sie vor Schwäche nicht mehr konnte;[1] da begannen einige große schwere Tropfen zu fallen. Sie sog sie[2] mit den Lippen auf, mit den Augen, mit Händen und Haaren.

Da rauschte und rieselte es[3] ganz leise um sie her, und mit einem Mal brach ein wahrer Wolkenbruch los. Sie ging, so gut sie konnte, im nassen Lehm, im Flußbett, bis der Fluß zu schwellen begann und in braunen, schaumigen Massen angerauscht[4] kam, wie ein breiter Fluß. Sie mußte manchmal stehen bleiben und ihren Pfad suchen, ging aber immer fort aus Furcht, der Regen möchte wieder aufhören. Es regnete den[5] ganzen Tag und die ganze Nacht. Die Fürstin war so naß, daß es[6] wie ein Bach aus ihren Kleidern floß. Sie wand sie[7] aus, schürzte sie und ging weiter noch einen Tag und noch eine Nacht. Sie war schon im Gebirge und fiel oft hin vor Erschöpfung. Endlich blieb sie am Ufer liegen und schlief ein, während der Regen auf sie niederströmte und das Wasser immer höher schwoll, als[8] wollte es nach ihr greifen und sie fortschwemmen.

Von Frost geschüttelt wachte sie auf. Da stand in der Morgenluft die leuchtende Sonne so frisch, als hätte sie selber ein Bad genommen und siehe, der Bach war nicht mehr braun, sondern klar und blau wie die Luft, und im Grunde desselben blinkte und glitzerte es[9] wie lauter Sonnenstrahlen. Irina schürzte ihr Gewand und watete hinein. Sie mußte sehen, was[10] so wunderbaren Glanz hatte. Und siehe, es war lauter Gold! Im Wasser fiel sie auf die Knie und dankte Gott laut und inbrünstig. Gold! Gold! Nun konnte sie helfen. Sie ging behutsam im Wasser weiter und sammelte die Körnchen und die kleinen Stücke und füllte ihren Mantel damit, bis sie die Last kaum mehr tragen konnte. Nun aber schnell nach Hause mit ihrem Schatz, den sie vor ihren Gemahl ausschüttete! Die Kinder lebten noch, wenn auch[1] in großer Schwäche und Erschöpfung, und erkannten sie fast nicht, so war sie abgemagert und sonnverbrannt. Aber Boten gingen nun in die Länder und kauften Korn und Mais, Samen und Vieh, und der Fluß wurde nicht müde, zu spenden, bis der Not ein Ende war und lachendes Grün und fette Weide wieder die rumänischen Gefilde deckte. Das dankbare Volk aber nannte den Bach „Rîul Doamnei" und niemand sollte das Gold darin anrühren dürfen als Eigentum, als nur die Fürstin des Landes. Die späteren Fürstinnen müssen es aber wohl[2] weniger gut angewendet haben, denn der Fluß ist sparsamer geworden, und daß Gold, daß hier und da ein Bauer darin findet, wird im Museum aufgehoben.

NOTES

NOTES

I
Piatra Arsa

Page 1.—1. **Piátra Arsa** (Roumanian, from Græco-Latin: πέτρα ; **petra**; [Ital. **piétra**] "rock," "stone"; and **arsa** [perf. partic. of ardeo, ardēre, arsi, **arsum**, "to burn," "to be on fire"]).

2. **Pau′na** (three syllables), Roumanian, a girl's name.

3. **wenn** (indefinite—repeated action), *when, whenever*.

4. **Pui de Imparát** (Roumanian, from Lat.: **pullus**, [Eng. **pullet**] "small," "little," "young"; and Roumanian ablative = Lat. genit. sing. of **imperator**, "emperor").

5. **als trüge** . . . (past subjunctive), unreal condition after a l s (= als ob, als wenn, wie wenn), *as if she carried something* ("on her head" being understood).

6. die **Hóra** (Roumanian, pronounce H guttural like ch in Loch or Buch; from Græco-Latin: χόρος, χορεία; **chorus**, **chorea**), *dance, country-waltz*.

7. **man** (indef. pers. pron.) *one, they, people*; frequently to be translated idiomatically by English passive.

8. **ihr** (idiomat. dat. of pers. pron.) in die Wangen for possess. pron. in i h r e Wangen.

9. **man** (idiom.), cf. note 7.

Page 2.—1. **zur Donau hinab**, *i.e.* from the Carpathian Highlands *down to* the Roumanian plain, N. of *the Lower Danube*.

2. **vergossen** (habe or hätte implied), auxiliary omitted, as frequently in "dependent" clauses.

3. **so**, here: *in such a way, as,* or *so, as* . . .

4. **wie**, conjunction (colloq.) for als, *when*.

5. **sich**, dat. (here reciprocal pronoun = *each other, one another*).

6. **nachts** (adverbial genit. of indef. time *when*) formed in analogy with tags, morgens, abends, though Nacht is feminine.

7. **sei** (indirect subjunctive)—the "statement," "thought," or "belief" of another related, not quoted.

8. **es** (indef.) klopfte, *there* was a knocking, or = jemand klopfte, *some one* was knocking.

9. **es war ihr** (idiom) = es schien ihr, es kam ihr so vor.

10. sie hörte sich **rufen**, transitive infinitive with pass. sense, lit.: "she heard (some one) call her," *she heard herself called*.

11. **doch** (adverbial idiom) with an imperative adds force to the request = *please! won't you?*

12. **ich** bin **es** (idiomat. phrase, lit.: "I am it") = English?

13. **sich** legen (reflexive form for pass. as often), *to be put, to be placed*.

Page 3.—1. **auch** (adverb. idiom), here = *indeed, really*.

2. **seist**, subjunctive in a dependent question, when narrated indirectly.

3. **o doch!** (idiomat. phrase) = o ja; o gewiß, *oh yes; sure enough*.

4. **zum** (definite article, idiomat.), as a (*as my*), for a (*for my*).

5. **werde** (pres. tense) ich, for future werde ich w e r d e n, as frequently in German.

6. **das** (anticipates idiomatically the contents of the following sentence), remains untranslated.

7. **das** Gesicht, definite article idiomatically for possess. pronoun = i h r Gesicht.

Page 4.—1. **verlobt**. Idiom? Cf. page 2, note 2.

2. **der Bucegi** or Bucsecs (pronounce Butschedsch'), *Mount Butschetje*, the highest point of the Carpathian Mountains (or Transylvanian Alps), 9528 feet high.

3. **sich**, reflexive or reciprocal pronoun? Cf. page 2, note 5.

4. **ward** (old form of the past of werden), less used now than

wurde.

5. **wie** (here = als wie), *as if*.

Page 5.—1. **wollte**, here = behauptete, *claimed, asserted*.

2. **der**, here = derjenigen, therefore with emphasis.

3. biß **auf** die Unterlippe, no preposition in English; comp. m i t Steinen werfen, to throw stones; m i t dem Kopfe schütteln, to shake one's head; m i t den Zähnen knirschen, to gnash (to grind one's teeth); a u f dem Piano spielen, to play the piano; i n die Hände klatschen, to clap hands, etc.

4. **es** (introductory subject, the logical subject „Zeichen" follows the verb), *there . . .*

5. **Mamali′ga**, a favorite dish of the peoples of Eastern Europe; prepared of corn-flour it answers the Italian "Polenta." Trans.: *corn meal-mush* or *hominy*.

6. **wolle** (idiomat. omission of the infinitive of a verb of motion after the modal auxiliaries) = g eh e n wolle.—Why the subjunctive mood? Cf. page 3, note 2.

7. **komme**. Idiom? Cf. page 3, note 5.

Page 6.—1. To express "purpose" = Eng. *in order to*, the combination **um . . . zu** with the infinitive is used; um beginning the sentence and zu taking its usual place with the infinitive.

2. **man**, *they*, refers to the marauders mentioned above.

3. **darauf′** remains untranslated. Why? Cf. page 3, note 6.

4. **verzichtet**, idiomat. omission of the auxiliary; in what clauses only? Cf. page 2, note 2.

Page 7.—1. **zu** erkennen **war** (the auxiliary sein with zu and the infinitive always in passive sense) = erkannt werden konnte.

2. **wieder zu sich kommen** (idiom), *to recover*, or *to collect one's self, to become one's self again*.

3. er hörte seinen Namen **nennen**. Explain the idiom! Comp. sie hörte sich r u f e n, page 2, note 10.

4. **will′s Gott** (conditional inversion, wenn omitted) = wenn es Gott (so) will.

5. **man**. How to be rendered? Cf. page 1, note 7.

6. ein Mädchen, **das**, neuter on account of the grammatical gender of Mädchen.

Page 8.—1. **zum** Mann. Idiom? Comp. **zum** Geliebten, page 3, note 4.

II
Die Jipi

Page 9.—1. **Die Jípi** (pronounce as in German) from Slavic **jipu**, "rod," "stick," name of two towering peaks in the Carpathian Mountains.

2. **der Bucegi**, cf. page 4, note 2.

3. **sich**, reflexive or reciprocal pronoun? Cf. page 2, note 5.

4. **die Urlatóare** (Roumanian, pronounce oa = ō, from Lat.: **ululare**, "to howl," "to roar," literally: "Roaring River") name of a mountain-stream in the Carpathian Mountains.

5. **die Prahóva** (h guttural), one of the numerous rivers which rising on the southern slope of the Carpathian Mountains traverse the Roumanian plain and join the Lower Danube on the left.

6. **seien**. Account for the mood! Cf. page 2, note 7.

7. **vor** (of time), *ago*.

8. **sich**. Explain the form!

9. **keiner** (none), here = keiner von beiden, *neither* (of them).

10. er ließ **sich** nicht trösten (reflexive with passive sense), *could not be* . . .

11. **An'dreĭ** (three syllabic), **Mírea** (pronounce ea = é (French)), proper names = Ger. Andreas and Friedrich (**mir**, Slav. = Friede, peace), Eng. *Andrew* and *Frederick* (Fred[dy]).

12. **möget** (optat. subjunctive) ihr . . . werden, *I wish you to become*.

13. auf **hohem** Felsenkegel, in English with indef. article.

14. **gehörte**. Mood? Why? Cf. page 1, note 5.

Page 10.—1. **könnten**. Account for the subjunctive; cf.

page 2, note 7.

2. **am besten**, predicate superlative made up of an dem (contracted am) and the dat. of the superlative, *the best*.

3. **sie hei′rateten** (past. subj. for conditional) = wenn sie . . . heirateten.

4. **wollte**, here = wünschte.

5. **ihrer Söhne Kinder**, for the more common die Kinder ihrer Söhne.

6. **des Abends**. Force of the genitive? Cf. nachts, page 2, note 6.

7. **die alten Lieder**, i.e. *the old ballads* of the country.

8. **ihr** zu Füßen. Comp. i h r in die Wangen, page 1, note 8. Explain the idiom!

9. lehnte **mit** dem Arm, no preposition in English; cf. page 5, note 3.

10. **der weiße Schleier**. A *white veil* of finest texture interwoven with spun-gold (therefore often called der Goldfaden or pl. die Goldfäden, "gold threads"), is the most conspicuous ornament on the heads of married women of Eastern Europe.

11. kein graues **Härchen** (idiomat. use of the diminutive), *not a bit* (the least bit) *of* (*a*) *gray hair*.

12. **Deiner** (genit. of Du) dependent on adj. wert.

13. **die** (emphatic.) = diese or dieselbe or sie.

Page 11.—1. **es** wird mir wohl (impersonal idiom), *I am at ease; I feel happy.*

2. **ihm** auf der Spur. Idiom? Comp. ihr in die Wangen, page 1, note 8, and ihr zu Füßen, page 10, note 8.

3. **wollte**, here = im Begriff war, *was* (*about*) *to*.

4. **dem Tiere** (idiom. dat.) in die Weiche, for in die Weiche d e s   T i e r e s (genit.).

5. **glockenhelles Gelächter**, in Engl. with indef. article.

6. dem Gehölze **zu**. The preposition zu in the sense of *to, towards, in the direction of,* follows its case; but zu may also be taken as prefix of separable compound verb zu′schreiten.

7. **dem Bären** in den Weg = ? Cf. d e m   T i e r ein die Weiche, note 4, above.

Page 12.—1. mit **goldenem** Kern. Idiom? Comp. auf hohem Felsenkegel (page 9, note 13) and glockenhelles Gelächter (page 11, note 5).

2. **festen Fußes** (phrase formed with adverb. genit. of manner) = mit festem Fuße, i.e. standhaft, *steadfast*(ly), *firm*(ly).

3. er hätte **gern** (phrase), *he would have liked.*

4. The preposition **ohne** with **zu** and the infinitive corresponds to English *without* with the verb-noun in *-ing*. About ohne daß (for ohne . . . zu), see page 45, note 3.

5. **ward** = ? Cf. page 4, note 4.

6. **mit einem** (dat. neut.), the words „Unverständiges Kind!" being the noun; transl. *with the remark:*

7. (gestellt, pass.) **von**, *by.*

8. **ja** (adverb. idiom) = *why! you know* (expletive).

Page 13.—1. ich **bin** (idiomat.) bei ihm. The German present tense expresses what *has been and still is*, analog. to English perfect tense. Transl.: *I have been with him.*

2. **möchten** (might), *should like.*

3. **gleich** (colloq.), for sogleich, *at once, immediately.*

4. als **schlimme** Hexe. Idiom? Comp. mit goldenem Kern; auf hohem Felsenkegel.

5. **an** (**on**), *to; for, at; near, near by, by*. Great care must always be taken in rendering the preposition an, as there are only a few cases where it answers to the English "on."

6. der Burg **zu**. Cf. page 11, note 6.

7. **Roxána**, *Roxane*, woman's name, common in the East.— Famous for her beauty was Princess Roxana of Bactria, who in the year 327 B.C. was married to Alexander the Great of Macedony.

8. **mitbrächten** (past subj.). Account for the mood! Cf. page 3, note 2. State the question direct!

9. „**mein Gott!**" must not be translated literally, since it means nothing more than *"good Heavens!"* or *"good gracious!"*

10. **ja**. Cf. page 12, note 8.

11. **das** (emphat.) = dieses or dasselbe. Account for the neuter; cf. page 7, note 6.

Page 14.—1. sie hätte **am liebsten** (superlat. of gern), *she would have liked best.* Comp. er hätte g e r n (page 12, note 3).

2. **wird** (wohl) **sein**, idiomat. use of the fut. tense instead of the present, to express supposition or possibility, with the adverbs wohl or doch added, to bring out the sense more clearly; transl. *is,* (as) *I suppose.*

3. **Urlánda**, of the same origin and meaning as Urlatoáre (see page 9, note 4).

4. **Rolánda**, girl's name, fem. of Rolandus ("Hruodlandus"), the most famous of the 12 paladins who lived in the palace of Charlemagne.—Regarding the transposition of the consonant r in changing **Ro**(landa) to **Ur**(landa), comp. the following German-English cognates: third — d**ri**tte; **fr**ight —**Fur**cht; th**rough** — du**rch**, and the dialect. form B**ri**mingham for B**ir**mingham.

Page 15.—1. **auf der andern Seite der Berge**, *i.e.* on the northern slope of the Carpathian Mountains = in Transylvania („Siebenbürgen"), now a crown-land of Austria-Hungary.

2. **unsrer** or unserer (genit. of wir), dependent on warten, archaic. and poetic. construction for the modern warten auf . . .

3. **Bärenabenteuer (bear-adventures)**, = bear-stories, "fish-stories"; *incredible hunting adventures.* Comp. the phrase: jemandem einen Bären (= eine Bärengeschichte) aufbinden, to play a hoax on some one.

4. **wollte** (idiomat.), here = *was* (willing or) *ready to.* Comp. sie w o l l t e (*wanted, wished*) ihrer Söhne Kinder auf ihren Knieen wiegen (page 10, note 4), and als er den Wurfspieß schleudern w o l l t e (*was to, was about to*), page 11, note 3.

5. er **habe**. Mood? Why? Direct quotation?

6. **könnte** (conditional subjunctive), for conditional würde . . . können.

7. **dem**, with emphasis. Why? Cf. page 5, note 2.

Page 16.—1. **die** (with emphasis) = diese, or sie. How known that it is not relative?

2. **fort**, the infinitive of a verb of motion, as gehen, being implied.

3. drum (colloq. for darum´), about (it) them; **drum herum´**, *round about* (them).

4. **hinaus´**, the perf. partic. of a verb of motion, as gegangen, gesprungen, geeilt, etc., being implied.

5. **es** lag ihr **die Sorge** auf dem Herzen, „es" being the introductory and grammatical subject, while the logical subject („die Sorge") follows after the verb = die Sorge lag ihr auf dem Herzen.

6. **daran´** —refers back to the preceding—*from doing so*.

Page 17.—1. **da** (conjunction), temporal (as, when) or causative (as, since)?

2. **am** Ofen (cf. page 13, note 5) = ?

3. **wie** (conjunction), colloq. for? Cf. page 2, note 4.

4. **wohin´** (elliptic.) „sie gehen sollte" being understood.

Page 18.—1. **zur** (Idiom?) Frau. Comp. **zum** Geliebten (page 3, note 4) and **zum** Mann (page 8, note 1).

Page 19.—1. **Frau** (here = *married woman, somebody's wife*), in English with indef. article.

2. **hatten** heransausen sehen. Note the abnormal position of the verb in the relative clause, a construction more frequently met with now than formerly.

3. **es** (introductory), *there . . .*

Page 20.—1. **Léspes**, village and holy shrine in the valley of the Prahova (river) in the Carpathian Mountains. Remember that the great bulk of the Christian population of Roumania (= Moldavia and Wallachia) belong to the Greek or Eastern Catholic Church.

2. **hereinbreche** (pres. subj.). The conjunction daß (= auf daß, damit), expressing "purpose" is followed by the subjunctive.

3. **sie** (object), *them*.

4. **sich** (reciproc. pronoun) = ?

5. **mögen** (colloquially used as absolute verb), *to like; to stand; to bear*.

Page 21.—1. **Eurer Herzen schweren Kampf**. Comp. ihrer Söhne Kinder (page 10, note 5).
2. **werde** (pres. subj.). Account for the mood; cf. page 20, note 2.
3. **muß**. Idiom? Cf. page 5, note 6.
4. **doch nicht** (elliptic.) = ihr wollt doch nicht, or ich hoffe (ich denke) ihr wollt nicht . . .
5. **wäre** (conditional subj.) for conditional würde . . . sein.
6. **sich**. Account for the form of the pronoun!
7. **habe** (pres. subj.). Cf. page 2, note 7.

Page 22.—1. **gingen** (past subj.). Account for the mood; cf. page 1, note 5.
2. **freudestrahlenden Antlitzes** (phrase formed with adverbial genitive of manner) = ? Comp. festen Fußes (page 12, note 2).
3. **mit heller Stimme**. Idiom? Comp. auf hohem Felsenkegel (page 9, note 13) and mit goldenem Kern (page 12, note 1).
4. **wer** mich . . . holt, **des** Weib will ich sein = ich will das Weib **des** (obsol. = dessen or desjenigen, *of him*) sein, **der** (*who*) mich . . . holt. The nominative of the correlative pronoun is d e r, w e r or d e r j e n i g e, w e l c h e r (*he*), *who*.
5. **im Stürzen** (verb-noun corresponding to the English form in *-ing*), *in* or *while falling* . . .

Page 23.—1. **wurden** (past of absolute verb „werden"), here = *were changed* or *turned to* . . .

III
Die Hexenburg

Page 24.—1. **das Prahóvathal**, *valley of the Prahova* (river), cf. page 9, note 5.
2. **Cetatea** (pronounce tschetaté, Roumanian, from Latin:

civitas, French: **cité**; Ital.: **cittadella**), *"borough," "citadel."*
Bábeĭ (three syllabic, Roumanian, genit. sing. of Slavic **baba**) "old woman," "witch."

3. **der Bucegi**, cf. page 4, note 2.

4. **als spitzer Kegel**. Idiom? Comp. auf hohem Felsenkegel, mit goldenem Kern, mit heller Stimme.

5. **scheint** (seems, appears), *looks as if*.

6. **die Jipi**, cf. page 9, note 1.

7. **vor** (of time) = ?

8. **als die Wölfe die Herden hüteten und Adler und Tauben bei einander nisteten**, *i.e.* in the golden age when everything was as in Paradise.

9. **es** (indef.), *things, affairs, life*.

10. **die** (emphat.) = die, welche (correlat. pron.), *she* (the one), *who . . .*

11. **der Goldfaden** (gold thread) or pl. Goldfäden, *i.e.* the Roumanian bridal veil interwoven with spun-gold; cf. page 10, note 10.

12. **spänne** (past subj.). Why? Cf. page 20, note 2.

13. **bei**, *by, near, at, at the house of, in, with, among*. Here = ?

14. **welches** (neuter), on account of grammatical gender of Bergmännlein.

Page 25.—1. das letzte Körnchen **Goldes** (the genit. after a simple noun of measure, is obsolete and poetical), for the more common Körnchen G o l d.

2. **Bába** (cf. page 24, note 2). **Cóaja** (two syllabic, pronounce oa = ō, and j as in German), Roumanian, related to Lat. "cortex" and Eng. "cork."

3. **Alba** (from Lat: **albus, a, um**, "white").

4. **es** (introductory and grammatical subject). Logical subject? Cf. page 16, note 5.

Page 26.—1. **da′mit** (emphat.) = h i e rmit; mit d i e s e n Worten.

2. **werde**. Why the subjunctive? Cf. page 2, note 7.

3. **wie sehr** (wie sehr . . . auch), *no matter how much, however much*.

4. **Alba**, here: dative case.

5. **wie gern wäre sie**. Comp. er hätte gern (page 12, note 3), and sie hätte am liebsten (page 14, note 1).

6. **es wird mir traurig ums Herz** (idiomat. impers. phrase), *I* (begin to) *feel gloomy* (heavy, depressed, melancholy), *I am heavy at heart.*

Page 27.—1. **darü'ber** (**over it**) idiomatic. anticipating the contents of the following sentence, remains untranslated. Comp. darauf (page 6, note 3).

2. **spinne**. Why the subjunctive? Cf. page 3, note 2. Direct question?

3. **er hatte gar keinen Bart**, he was young and smooth-faced, thus strikingly contrasting to the old gnomes with their long gray beards.

4. **der** (emphat.) = jener, *that man, that fellow.*

5. **die im Thale** (elliptic.), for die Leute, die im Thale wohnen, *those in the valley.*

6. **du thust** (pres. tense). Explain the idiom! Cf. page 13, note 1.

7. **so wie so** (colloq. phrase), *anyway, at all events.*

8. **so** (= so faul or so müßig) **dasitzen** (colloq. phrase), *to idle away one's time.*

Page 28.—1. **de'nen** (emphat.), for demonstrat. pronoun (diesen, *these*) or pers. pronoun (ihnen, *them*). How seen that it is not relative?

2. **darü'ber**, remains untranslated. Why? Cf. page 27, note 1.

3. **sich sehen lassen** (reflexive phrase with passive sense), *to be seen.* Comp. er ließ s i c h nicht trösten (page 9, note 10).

4. **wie sehr . . . auch** = ? Cf. page 26, note 3.

5. **Porfi´rie** (three syllabic), proper name, from Græco-Latin: Πορφύριος; **Porphyrius** (= "Purple Bearer"), *Porphyry*.

6. **nicht** gewohnt, etwas **nicht** zu können (two negatives with the force of an emphatic affirmation), = gewohnt, a l l e s u n d j e d e s zu können, *wont* (bent, accustomed) *to carry out all his plans* (or *designs*).

Page 29.—1. **einem Drachen** (privative sense of the dative, mostly after verbs compound with the prefix ent-) **entreißen**, *to snatch from a dragon.*

2. **damit´** (**therewith, with it**) remains untranslated. Why? Comp. d a r ü ´ b e r (page 27, note 1).

3. **den ganzen Morgen**, accusative expressing duration of time: *how long?*

4. **die Alpenrose** (also called Almenrausch or Alpenfeuer), "RHODODENDRON HIRSUTUM" of the botanists, one of the prettiest and most highly priced alpine flowers, related to our Purple Azalea or Pinxter-Flower.

5. **kam (came)**. Note the rhetorical figure of "personification," which consists in representing inanimate objects as if endowed with life and action, an idiom occasionally employed as a substitute for the passive voice which is less used in German than in English; trans. *was put* or *placed*.

6. **schlecht sehen**, here: *to have weak eyes, to be short* (or *near-*) *sighted*.

7. **dem**, with emphasis. Why?

8. **sollte (should)**, *was to; was* (*said* or) *threatened to* . . .

Page 30.—1. **die Haare** (idiomat. pl.), *hair*; comp. die Lüfte, *air.*

2. **sich fangen** (reflexive for passive, as often), *to be caught.*

3. **als**, here = als wenn; cf. page 1, note 5.

4. **Einen mit großen Augen anschauen**, a phrase expressing

surprise and astonishment.

5. **unter** = *under* (place); *among* (number?) = Here = ?

6. **ja** (adverbial idiom) = ? Cf. page 12, note 8. See also page 31, line 1 (of the text) and state which of the two words ja found there, is affirmative particle (= *yes*) and which adverbial idiom (= *why!* or *you know*).

Page 31.—1. gern (positive), "gladly," "willingly"; lieber (comparative), "rather," "better"; am liebsten (superlative), "best of all"; **ich möchte lieber,** *I should* (rather wish) *prefer.*

2. **streicheln sogar** (elliptic. „darfst du es" being implied).

3. **heißen** = 1) to call *or* to name; 2) to be called *or* named; 3) *to bid, to order.* Here = ?

4. **es** (idiomat.) wird mir bange (impersonal phrase), *I become alarmed, I begin to feel uneasy.*

5. **das alles** (neut. sing., idiomatically relating to persons of different gender) for masc. and fem. pl. alle diese (Leute), *all these.*

Page 32.—1. **das** bin ich, refers back to the preceding. The English *this* (*that*), *these* (*those*), when immediately preceded or followed by the verb "to be" are rendered in German by the neuter pronoun dieses (usually shortened to dies or das), without any regard to the number or gender of the noun referred to.

2. **zu was?** here = für was? zu welchem Zwecke? *for what purpose?*

3. **es geht** (impers. phrase), it can be done, it will do; **es wird nicht anders gehen** (about the idiomat. use of the future, cf. page 14, note 2), *that cannot be done otherwise* (or *without it*), *I suppose.*

Page 33.—1. (umgeben, pass.) **von** = ?

2. **staunender Freude,** genitive, dependent on adj. voll, *full of* . . .

3. **Euer, Eu(e)re, Euer** possessive form of pers. pronoun Ihr, which in earlier language was used in polite address (= modern Sie), *your.*

4. **noch gar nicht** (adverb. idiom), *not yet, by any means*.

5. **es** (neuter) referring to das Ehegemahl, obsol. (= 1. husband; 2. wife), trans. *she*.

6. **uns.** Case? Dependent on? How to render? Cf. page 29, note 1.

Page 34.—1. **beim Spinnen**, comp. im Stürzen, page 22, note 5.

2. (gesponnen, pass.) **von** = ?

3. sie **hätte** . . . gemacht (past subj. for conditional) = sie w ü r d e gemacht h a b e n.

Page 35.—1. **wäre sie** (condit. inversion, wenn omitted) = wenn sie wäre; comp. will's Gott (page 7, note 4).

2. **möge** verschonen, **solle** legen (indirect subj.). Direct: „Verschont mich!" „Lege mir auf die Haare!"

Page 36.—1. **die**, with emphasis. Why?

2. **würde.** Mood? Why? Cf. page 20, note 2.

3. **dazu'.** Idiom? Cf. page 27, note 1.

4. Distinguish **am Hofe** (*at court*) and auf dem Hofe (in the yard).

5. **es** ist mir um etwas zu thun (impers. phrase), *I care for something*.

6. **daran'** (on [*of*] it). Idiom?

7. er ließ **sich** nicht bereden (reflexive for passive) = ? Comp. er ließ sich nicht trösten (page 9, note 10).

8. **je mehr** . . . **um so mehr** (for the more common desto mehr), correlat., *the more . . . the more . . .*

Page 37.—1. **was?** (colloq.) for warum? *why?*

2. **der'gestalt** (d e r [emphat.] Gestalt, von d e r Gestalt), phrase formed with adverbial genit. of manner, *in such a manner, to such an extent* or *degree*; syn. d e rmaßen (= von or in d e m Maße), 5 lines below.

3. **ich habe** (idiomat., present tense for future) = ?

4. **mir** . . . **ent**laufen. Force of the dative? Cf. page 29, note 1.

Page 38.—1. **doch, doch!** (adverb. idiom), cf. page 3, note 3.

2. **auch** (idiomat.) omit in English!

3. **Alba Regi′na** (Roumanian, pronounce re-dschi′na; the same form as in Latin: **alba** "white," and **regina** "queen," "queenlike, queenly"). *Queen Alba* or *Queenly* (= Noble) *White* = Edelweiß.

4. **das E′delweiß**, "LEONTOPODIUM ALPINUM" of the botanists, English "Lion's foot" *or* "Padelion" (from French **Pas-de-lion**), a woolly alpine plant, whose large, downy, and star-like white flowers are highly priced by the tourists. In translating retain the German name of the plant.

5. **die Goldfäden**, cf. page 10, note 10, and also page 24, note 11.

IV

Der Tschachlau

Page 39.—1. **die Moldau**, (the principality of) **Moldavia**, the north-eastern part of the kingdom of Roumania.

2. **der Bucegi**, cf. page 4, note 2.

3. **Mosch** (Roumanian) = der Alte.

4. er **ging** (repeated action), *he would go.*

5. **nur** (adverbial idiomat.), *ever* or *possibly.*

Page 40.—1. **um ein Muttergottesbild versammelt**. Comp. page 20, note 1.

2. scholl **es** (indefinite), i.e. *voices* were heard.

3. **was** (colloq.), for etwas.

4. **der liebe Gott** (a most popular phrase), *the good Lord* or *our good father in Heaven.*

5. **fehlgeschossen!** (or fehlgetroffen!) perf. partic., lit.: "missed the mark," used elliptically in exclamations; transl.: *entirely mistaken!* or *quite out!*

6. (den Tschachlau,) **den** (with emphasis), colloq. repetition of the object; omit in English!

Page 41.—1. **es** weiß kein Mensch, (es introductory or grammatical subject, the logical subject kein Mensch following after the verb) = kein Mensch weiß.

2. **der Dniéstr** (Russian, pronounce "Dnyéstr"), a large river of south-western Russia, emptying into the Black Sea near Odessa.

3. **klein und krumm, flache Gesichter, gelb wie Citronen, kleine Augen**, unmistakable characteristics of the Huns, a savage race from Asia, who about the year 370 A.D. for the first time burst into Europe.

4. **sie waren mit ihren Pferden zusammengewachsen**, so it was fabled, because they lived and were always seen on horseback. Comp. the ancient Greek myth of the fabulous race of the Centaurs.

5. **wo** sie **hin**kamen (separated) for the more common w o h i n sie kamen.

6. **ein Volk von heller Haut, blauäugig, hoch gewachsen, mit langem, gelbem Haar**, refers to the Getae ("Goths"), a Teutonic tribe which, in the second century after Christ, had left the shores of the Baltic, their original home, and had taken possession of the land about the Black Sea, thus becoming the Eastern neighbors of the ancient Roumanians.

7. **einige konnten mit dem Messer in Holzstäbe schreiben**, *some of whom knew the art of cutting* (or scratching) *letters in* (willow-)*sticks*, with reference to the runic characters, which by the priests of the ancient Teutonic tribes, for the purpose of sorcery, were cut in pieces of smoothed wood, generally willow, and which were called "rûn-stafas."

8. wie viele **auch** (idiomat.), *no matter how many*.

9. **den** Tod, no article in English.

10. **einen**, refers to Pfeil.

Page 42.—1. **der Pruth** (pronounce as in German), the boundary-river between Russia and Roumania.

2. **der Fürst der gelbhaarigen Leute**, i.e. Hermanarich, the king of the Ostrogoths (Eastern Goths), who in the year 375 A.D. succumbed to the Huns.

3. The noun der Mann has a double plural: die Männer, *men*, and **die Mannen**, *vassals, warriors*.

4. jeder **nehme!** (subj. for missing 3rd pers. sing. of the

imperative), *let every one take!*
5. **sie** (with emphasis), *they themselves* (i.e. the Roumanians).
6. **herunter konnte**. Idiom? Cf. page 5, note 6.

Page 43.—1. **es** (indef.) konnte keine ... geben, *there could be no ...*
2. **den** (with emphasis) = diesen, den letztern, *this, the latter.*
3. **wenn ... auch**, *even if, no matter whether.*
4. **der Búcium** (Roumanian, pronounce Bútschum, from Græco-Latin: βοῦς; *bos*). Comp. Latin: "**bucina**" or "**buccina**", the name of the instrument by which in the military camps of the ancient Romans the signals were sounded. Transl. *herdman's horn.*

Page 44.—1. **ihrer** (partitive genitive), *of them*, dependent on genug.
2. so viele Steine, als sie **nur** (adverb. idiom), cf. page 39, note 5.
3. **machte das Zeichen des Kreuzes**, as Catholics do in devotion.
4. **was ... nur**, *whatever, however much.*

Page 45.—1. **gegen** (against), here: *in comparison with, compared with.*
2. **gesche'he** (optative subj., expressing "concession"), *may happen; may be done.*
3. **ohne daß** ... merkten. The preposition ohne cannot govern the infinitive mit zu (see page 12, note 4), when there is a change of subject, but must then be followed by a clause beginning with daß.

Page 46.—1. **sich** (dat. pl. of reflex. pronoun), for possess. pronoun i h r e n Weg, cf. page 1, note 8.
2. **sie**, refers to Länder.
3. As with the preposition ohne (cf. page 12, note 4), the infinitive with zu is used with the preposition **anstatt** (or statt) when the subject of the infinitive is the same as that of the leading verb. It corresponds to English *instead of*

with the verb-noun in -*ing*.
4. **wieder zu sich kommen** (phrase), cf. page 7, note 2.

Page 47.—1. **was** (= das, was, correlative), indef. neuter sing. for masc. and fem. pl. d i e, w e l c h e.
2. **es** (neuter). Note agreement with grammatical gender of Menschenkind.
3. **Hungers** sterben (idiomat. phrase formed with adverb. genit. of manner), *to die of hunger, to starve to death*.
4. er ließ **sich** sehen. How to be rendered? Comp. er ließ sich nicht trösten (page 9, note 10) and wenn er sich wieder sehen ließe (page 28, note 3).
5. **auf** (time, prospectively), *for*.
6. The English phrases, *there is, there are*, are expressed by the impersonal es with sein or with geben. With sein the verb agrees with the following predicate noun (e.g. es w a r e n keine Menschen dort), but with geben the verb remains always singular (e.g. es gab keinen Menschen dort, and **es gab** [*there were . . .*] **keine Menschen dort**).
7. **was** (= das was or alles was). Idiom? Cf. note 1, above.

Page 48.—1. **wie** (= als wie, *as if*), *seemed*.
2. **das Suchen**, accus., while des Suchens (genit. after müde, *tired of something*), would be more in accordance with modern usage.
3. **es** (idiomat.), refers back to the preceding and remains untranslated.
4. **abends**, force of the genitive? Cf. nachts, page 2, note 6.
5. **machte** (colloq.), for that.
6. **eine Hora**, comp. page 1, note 6.

V

Rîul Doamnei

Page 49.—1. **Rî´ul** (Roumanian, **Ri** = Lat.: **rivus**; Eng.: **river**; Span., Portug., **rio**; and **ul**, definite article in Roumanian suffixed to the noun), "*the brook*"; **Dóamnei** (Roumanian, pronounce "dōmneĭ," gen. sing. of "doamna"

= Lat. **domina**) *"of the princess,"* the Queen's. **Rîul Doamnei**, name of a mountain-stream emptying into the Argesch, one of the tributaries of the Lower Danube.

2. unweit **dem** (dat.), rather uncommon for unweit d e s (gen.)

3. **Campa Lungo** (Roumanian, from Latin: **Campus Longus**, "Longfield"; "Longmeadow"), a mountain-town and summer-resort on the southern slope of the Carpathians, about 100 miles north of Bucharest, the capital of Roumania.

4. **immer größer** = größer und größer.

Page 50.—1. es (indefinite), either referring to Heuschrecken or to be taken generally = *things* or *affairs*.

2. **auch noch nicht**, *not yet . . . either* or *neither . . . then*.

3. **am Körper** (sing.; collectively), for pl. an ihren Körpern.

4. **man**. How to be rendered idiomatically? Cf. page 1, note 7.

5. **es** (introductory) = ? Cf. page 41, note 1.

6. **Sonn- noch Feiertag** (Sonn- belongs also to tag) = Sonntag noch Feiertag.

7. Leute fanden **sich**. Idiom? Cf. page 2, note 13.

8. **Iri′na** (pronounce as in German), Roumanian, woman's name, from Greek: Εἰρήνη (= "Peace"), *Irene*.

Page 51.—1. „Lieber Gott!" a popular address of the Deity; cf. page 40, note 4.

2. **solche** or (with the indef. article) eine solche . . . or solch eine . . .

3. suche **nur** (adverb. idiom), with an imperative persuasively, *just* go in quest (or in search of it)! *do* search for it!

4. **that** (**did**), here: *acted* or *appeared* or *proceeded*.

5. **ihnen** (privative dative). How to render? Cf. page 29, note 1.

6. **nicht einma′l** (indef.), *not even*.

7. den Flüssen **nach**, in the sense of "in the direction of" the preposition nach follows its case, here: *up* the rivers.

8. **Olto, Gin, Buzlu, Sereth,** and **Argesch** (eight lines

below), the names of a few of the numerous rivers which, rising on the southern slope of the Carpathian Mountains, traverse the Roumanian plain and join the Lower Danube on the left.

Page 52.—1. **doch** (adverb. idiom), with an imperative adds force to the request; *please! won't you?*

2. **den Argesch**, comp. page 49, note 1, and page 51, note 8.

3. **wollte** = 1. wanted, wished; 2. *was about, was at the point*; 3. claimed, pretended. Here = ?

4. **immer schwererem** (cf. page 49, note 4), here = um so schwererem or desto schwererem Herzen, *with her heart the heavier* (or *the more dejected*), je kleiner, *the smaller* . . .

5. **von den Steinen, auf denen sie ging, ermattet**, for von dem Gehen (or Wandern) auf den Steinen ermattet.

6. **wie** (conjunction), colloquially for? Cf. page 2, note 4.

7. **es war ihr** (phrase) = ? Cf. page 2, note 9.

Page 53.—1. **konnte**. Idiom? Cf. page 5, note 6.

2. sie sog **sie**, the second sie might well have been avoided by substituting the demonstrat. pron. dieselben.

3. **es** (indef.) rauschte und rieselte, *there* was a rustling and drizzling.

4. **angerauscht**. Note the idiomatic use of the perf. partic. of a verb of motion after kommen, to express the manner of coming. Transl. *roaring*.

5. **den ganzen Tag**. Force of the accusative? Cf. page 29, note 3.

6. **es** (indef.), for das Wasser.

7. sie wand **sie** aus; cf. note 2, above.

8. als **wollte**, *as if it was to* . . . Why the past subjunctive? Cf. page 1, note 5.

9. **es** (indef.), *something*.

10. **was**, *what* (*it was that*).

Page 54.—1. **wenn auch** (= obgleich, obschon, wiewohl), *although*.

2. **wohl** (adverb. idiom), *probably; no doubt; I suppose.*

VOCABULARY

A B C D E F G H I J K L
M N O P Q R S T U V W Z

A

A′bend, *m.* (*pl.* -e), evening;
  abends, in the evening, at night.
A′benddämmerung, *f.*, evening-twilight, dusk (of the evening).
A′bendmahlzeit, *f.* (*pl.* -en), supper, tea.
a′ber, but, however;
  aber doch, for all that, nevertheless.
ab′fressen (fraß, gefressen), to eat up, to graze.
ab′geschnitten, see abschneiden.
ab′geschossen, see abschießen.
Ab′grund, *m.* (*pl.* ⸚e), precipice, abyss.
ab′holen, to call *or* to come for, to meet.
ab′kommen (kam, gekommen), to diverge; to wander (from, von).
ab′magern, to emaciate, to lose flesh.
ab′nehmen (nahm, genommen), to take off.
abscheu′lich, horrid, wicked, detestable.
Ab′schied, *m.*, leave, departure; farewell;
  von Einem Abschied nehmen, to bid some one farewell.
ab′schießen (schoß, geschossen), to shoot; to let fly.
ab′schlagen (schlug, geschlagen), to repel (an attack).
ab′schneiden (schnitt, geschnitten), to cut off; to separate.
ab′setzen, to stop, to make a break.
Ab′sturz, *m.* (*pl.* ⸚e), precipice.
ab′wehren, to ward off.

ab′zuholen, see abholen.

ach! (*interj.*), ah! oh!
  ach ja, oh yes (indeed);
  ach und wehe schreien, to sigh and cry, to groan and moan.

acht, eight;
  acht Tage, a week.

ach′ten, to pay attention (to, auf).

Ack′er, *m.* (*pl.* -̈), field.

A′der, *f.* (*pl.* -n), vein.

Ad′ler, *m.* (*pl.* -), eagle.

Ad′lernase, *f.* (*pl.* -n), aquiline (*or* hooked) nose.

ähn′lich, resembling, (a)like, similar;
  zum Verwechseln ähnlich, so much alike that the one might be easily taken for the other, *or* that one cannot tell the one from the other.

Äh′renfeld, *n.* (*pl.* -er), corn-field (in ear).

al′le, all.

allein′, alone, solitary, by one's self (himself, etc.); forsaken.

al′lemal, always, at all times, once for all.

al′lerhand, all kinds (*or* sorts) of.

al′lerlei, all sorts (*or* kinds) of.

al′les, (all and) everything.

allgemein′, common, general, universal.

all′zulange, far too long, altogether too long.

Al′penrose, *f.* (*pl.* -n), alpine rose, "rhododendron."

als, as, like; than;
  (*conj.*) when (= sobald als) as soon as; (= als ob) as if;
  als bis, than until, than that;
  nicht eher als, not before.

al′so, then, therefore.

alt, old, ancient;
  der Alte, old man;
  die Alte, old woman;
  die Alten, old folks.

Al′ter, *n.*, (old) age.

am = an dem.

an (*dat. accus.*), at, near, by; to, against; on.

An′blick, *m.*, look, sight.

an′dere (der), other;
  keine andere, no one else.

an′ders (*adv.*), otherwise.

An′drei (*Roumanian*), Andrew.

An′fang, *m.* (*pl.* ⸚e), beginning, opening.

an′fangen (fing, gefangen), to begin.

an′gehen (ging, gegangen), to concern, to regard.

an′gekleidet, see ankleiden.

an′gesehen, see ansehen.

an′gezogen, see anziehen.

An′griff, *m.* (*pl.* -e), attack.

Angst, *f.* (*pl.* ⸚e), anxiety, apprehension (for, um).

Angst′geheul, *n.* (*collect.*), cry (*or* scream) of distress, cries *or* screams of distress.

ängst′lich, anxious(ly), frightened, in a fright.

an′halten (hielt, gehalten), to rein in, to pull up (a horse).

an′heben (hob [hub], gehoben), to begin (to speak), to enter upon one's discourse.

an′hören, to listen to, to give an ear (to some one, *accus.*).

an′kleiden, to dress, to clothe.

an′mutig, pleasant(ly), pleasing(ly).

an′nehmen (nahm, genommen), to take, to accept.

An′prall, *m.*, shock, onset.

an′rauschen, to rush on.

an′richten, to prepare; to cause, to make, to do;
  Unheil anrichten, to cause (to do) mischief.

an′rühren, to touch.

ans = an das.

an′schauen, to look at (some one, *accus.*).

an′schielen, to squint *or* to leer at, to look asquint upon.

73

an′sehen (sah, gesehen), to look (at *or* upon some one, *accus.*);
    mit ansehen, to witness; to let pass.
an′starren, to stare (at some one, *accus.*).
anstatt′ (*genit.*), instead of;
    anstatt zu, *with inf.*, instead of . . .-ing.
An′strengung, *f.* (*pl.* -en), exertion, effort.
Ant′litz, *n.* (*pl.* -e), face.
Ant′wort, *f.* (*pl.* -en), answer, reply, retort;
    Antwort geben, to answer, to reply.
ant′worten, to answer (some one, *dat.*), to reply.
an′wenden, to employ, to use.
an′ziehen (zog, gezogen), to attract; to dress;
    anziehend, attractive.
an′zuhören, see anhören.
Ar′beit, *f.* (*pl.* -en), work, employment.
ar′beiten, to work, to make.
arg, severe (punishment).
ärg′ste (der), see arg.
Arm, *m.* (*pl.* -e), arm.
arm, poor, miserable;
    der Arme, poor man, poor fellow;
    die Armen, the poor, poor people.
Ast, *m.* (*pl.* ̈-e), branch (of a tree), twig.
a′temlos, breathless, out of breath.
A′temzug, *m.* (*pl.* ̈-e), (draught of) breath, respiration.
at′men, to breathe.
auch, also, too, likewise;
    auch nicht, neither.
auf (*dat. accus.*), on, upon; for (*time*).
auf′geben (gab, gegeben), to give up.
auf′gehen (ging, gegangen), to open (*intrans.*), to be opened; to rise (sun).
auf′gehoben, see aufheben.
auf′geregt, see aufregen.

auf′heben (hob, gehoben), to raise, to lift (up); to keep, to preserve; to exhibit.
auf′hören, to stop, to cease.
auf′keimen, to shoot up, to germinate.
auf′lachen, to burst out laughing.
auf′nehmen (nahm, genommen), to receive, to welcome.
auf′regen, to excite.
Auf′regung, *f.* (*pl.* -en), emotion, agitation.
auf′richten, sich, to raise one's self; to get up.
auf′saugen (sog, gesogen), to suck up, to imbibe, to catch (rainwater).
auf′schlagen (schlug, geschlagen), to open (the eyes).
Auf′schrei, *m.* (*pl.* -e), shriek, scream.
auf′sehen (sah, gesehen), to look up.
auf′springen (sprang, gesprungen), to jump (*or* to start) up.
auf′stehen (stand, gestanden), to rise, to get up.
auf′thäte (*past subj.*), see aufthun.
auf′thun (that, gethan), to open (*trans.*);
sich aufthun, to open, (*intrans.*) to be opened.
Auf′trag, *m.* (*pl.* ⸚e), order, direction.
auf′wachen, to awake.
auf′winden (wand, gewunden), to wind up, to reel up.
Au′ge, *n.* (*pl.* -n), eye.
Au′genblick, *m.* (*pl.* -e), twinkle of the eye; moment.
Au′genbraue, *f.* (*pl.* -n), eye-brow.
Au′genschlitz, *m.* (*pl.* -e) = Schlitzauge, *n.*, eye-slit; slit-eye; Mongolian eye.
aus (*dat.*), out of, from, of.
aus′brechen (brach, gebrochen), to burst out; to go off.
aus′breiten, to spread.
Aus′bruch, *m.* (*pl.* ⸚e), outbreak, outburst.
auseinan′dersprengen, to separate by an explosion, to disperse, to scatter.
Aus′fall, *m.* (*pl.* ⸚e), sally, "sortie."

aus′gegossen, see ausgießen.

aus′gehängt, see aushängen.

aus′gießen (goß, gegossen), to shed, to spread.

aus′halten (hielt, gehalten), to hold out; to stand, to endure.

aus′hängen, to cover, to line.

aus′hauchen, to breathe out;
das Leben aushauchen, to breathe one's last, to expire.

aus′hungern, to starve into surrender.

Aus′ruf, *m.* (*pl.* -e), outcry, shout.

aus′schütten, to empty, to lay down, to deposit.

aus′sehen (sah, gesehen), to look, to appear.

aus′stoßen (stieß, gestoßen), to utter, to ejaculate (a cry).

aus′strecken, to stretch out.

aus′winden (wand, gewunden), to wring out.

au′ßer (*dat.*), beside, save.

außeror′dentlich, extraordinary (-ily), unusual(ly), uncommon (ly).

äu′ßerste (der), utmost, extreme;
bis aufs äußerste, to the last.

aus′ziehen (zog, gezogen), to draw *or* to take out, to extract.

B

Ba′ba (*Slavic*), mother, old woman.

Bach, *m.* (*pl.* ⁻e), brook, creek.

Bad, *n.* (*pl.* ⁻er), bath.

ba′den, to bathe, to wash.

bahn′brechen (brach, gebrochen), to force one's way.

bah′nen, to clear (the way).

bald, soon, before long;
bald . . . bald, soon . . . soon, now . . . then, by turns, alternately.

ban′g(e), uneasy, anxious;
es wird mir bange, I become afraid *or* apprehensive.

Ban´gigkeit, *f.*, anxiety, uneasiness, dismay.
Bär, *m. (pl.* -en), bear.
Bä´renabenteuer, *n. (pl.* -), hunting-story.
Bä´renjäger, *m. (pl.* -), bear-hunter.
Bart, *m. (pl.* ¨e), beard.
bat, ba´ten, see bitten.
bau´en, to build, to heap, to form.
Bau´er, *m. (pl.* -n), peasant, farmer, countryman.
Baum, *m. (pl.* ¨e), tree.
Baum´ast, *m. (pl.* ¨e), branch (of a tree).
baum´los, treeless, waste, barren.
Baum´stamm, *m. (pl.* ¨e), tree-trunk.
beab´sichtigen, to intend.
bedau´ern, to pity, to feel for.
bede´cken, to cover *or* to strew with.
Bedenk´zeit, *f.*, time for considering *or* reflection, breathing-time, consideration.
been´digen, to finish, to settle.
been´gen, to narrow, to confine, to limit.
befahl´, see befehlen.
befan´gen (*perf. partic.*), disconcerted, confused, embarrassed.
Befan´genheit, *f.*, confusion, embarrassment.
befeh´len (befahl, befohlen), to order, to give directions, to charge.
befe´stigen, to fasten.
befin´den (befand, befunden), sich, to find one's self, to be, to exist.
befle´cken, to stain, to tarnish;
 vom Staube befleckt, covered with dust.
befra´gen, to question, to interrogate.
befrie´digen, to satisfy.
begann´, see beginnen.
begeh´en (beging, begangen), to commit, to do.
begeh´ren, to desire, to wish eagerly, to want (for, zu).

begie′ßen (begoß, begossen), to sprinkle.
begin′nen (begann, begonnen), to begin, to set about.
beglei′ten, to accompany, to escort.
Beglei′ter, *m. (pl. -)*, companion.
begra′ben (begrub, begraben), to bury.
begrü′ßen, to greet, to welcome.
behag′lich, comfortable (-bly), cheerful(ly), contented(ly), undisturbed.
behal′ten (behielt, behalten), to keep.
behan′deln, to treat.
beherzt′, courageous(ly), stout-hearted(ly).
behut′sam, cautious(ly), heedful(ly).
bei (*dat.*), at, by, near, with, at the house of; on the occasion;
bei Dir, in your house;
bei meinem Großvater, at my grandfather's.
beich′ten, to confess.
bei′de, both; either (of them).
beim = bei dem.
Bein, *n. (pl. -e)*, leg, foot.
beisam′men, (close) together.
bei′ßen (biß, gebissen), to bite, to gnaw.
bekannt′, known (for, wegen).
bekom′men (bekam, bekommen), to get, to receive.
Belei′digung, *f. (pl. -en)*, insult.
beloh′nen, to reward.
bemü′hen, sich, to endeavor, to try.
Beneh′men, *n.*, conduct, manners.
benei′den, to envy.
bene′tzen, to wet, to moisten.
bere′den, to persuade;
sich bereden lassen, to be persuaded.
berei′ten, to prepare, to make ready, to fit up, to furnish;
Einem den Untergang bereiten, to work some one's ruin.
Berg, *m. (pl. -e)*, mountain.

bergab´, down-hill.
bergab´fliegen (flog, geflogen), to fly *or* to rush down-hill.
bergauf´, up-hill.
ber´gen (barg, geborgen), to save, to shelter;
 geborgen, in safety.
Berg´fee, *f.* (*pl.* -en), mountain-fairy.
Berg´kirchlein, *n.* (*pl.* -), mountain-chapel.
Berg´männlein, *n.* (*pl.* -), mountain-sprite, gnome.
Berg´spitze, *f.* (*pl.* -n), mountain-top.
beruh´igen, to appease.
berühmt´, famous, noted, celebrated.
berüh´ren, to touch.
Berühr´ung, *f.* (*pl.* -en), touch, contact.
beschäf´tigen, to keep busy;
 sich beschäftigen, to busy one's self.
beschä´men, to make some one ashamed of himself;
 beschämt, ashamed.
beschei´nen (beschien, beschienen), to shine upon, to
 light up.
besche´ren, to give, to bestow, to present; to destine (to *or*
 for, *dat.*).
beschwö´ren (beschwor, beschworen), to conjure; to
 implore.
beses´sen (besaß, besessen), to possess, to own.
Besitz´tum, *n.* (*pl.* ¨-er), property, estate.
beson´ders, especially, particularly.
bes´ser, see gut.
bestan´den, see bestehen.
bestän´dig, continual(ly), permanent(ly).
be´ste (der), best;
 zum besten halten, to make game *or* fun of.
beste´hen (bestand, bestanden), to go *or* to pass through, to
 encounter; to consist (of, aus).
bestel´len, to order.
bestim´men, to fix, to decide, to determine.

Besuch', *m.* (*pl.* -e), visit, call.
beta'sten, to feel (with the fingers), to touch.
be'ten, to say a prayer, to pray (to God).
betrach'ten, to view, to look upon (on, at, *accus.*);
  sich betrachten, to look upon (on, at), to examine;
  in der Nähe betrachten, to examine closely.
betref'fen (betraf, betroffen), to regard, to concern.
betre'ten (betrat, betreten), to tread *or* to step upon, to set
  foot upon.
Betrüb'nis, *f.*, sadness, grief, distress.
Betrü'ger, *m.* (*pl.* -), cheat, imposter.
Bett, *n.* (*pl.* -en), bed, channel (of a river).
Bett'rand, *m.* (*pl.* ⸚er), bedframe, bedstead.
bevor', before, ere;
  bevor noch, even before.
bewah'ren, to save *or* to protect (from, vor).
1. **bewe'gen**, to move;
  sich bewegen, to move (*intrans.*)
2. **bewe'gen** (bewog, bewogen), to induce.
bewoh'nen, to occupy (a room).
Bewun'derung, *f.*, admiration.
Bewußt'sein, *n.*, consciousness.
bezau'bern, to charm, to bewitch.
bezeich'nen, to mark.
Bild, *n.* (*pl.* -er), picture; living picture, "tableau," scene.
bil'den, to form.
bin, ich, (*pres. indic. of auxil. v.* sein), am, I.
bin'den (band, gebunden), to bind, to tie, to fasten.
bis (bis an [*accus.*]; bis nach, bis zu [*dat.*]), till, to, up to;
  (*conj.*) until.
Bis'sen, *m.* (*pl.* -), bit, morsel.
bist, du, (*pres. indic. of auxil. v.* sein), art (thou), are (you).
biß, see beißen.
bit'ten (bat, gebeten), to beg, to beseech, to implore;

bitten um, to ask for;
bitte! please! pray!

Bit′ternis, *f.*, bitterness.

bla′sen (blies, geblasen), to blow.

bläst . . . **um**, see umblasen.

Blatt, *n.* (*pl.* ⸚er), leaf.

blau, blue.

blau′äugig, blue-eyed.

blei′ben (blieb, geblieben), to stay, to remain; to get along;
liegen bleiben, to remain lying;
stehen bleiben, to remain standing; to stop, to stand still.

bleich, pale.

blen′den, to blind, to dazzle.

Blick, *m.* (*pl.* -e), glance; eye.

bli′cken, to look (at, auf);
in die Höhe blicken, to look up.

blick′te (blickten) . . . **hinauf′**, see hinaufblicken.

blick′te . . . **hinü′ber**, see hinüberblicken.

blieb . . . **zurück′**, see zurückbleiben.

blies, see blasen.

blind, blind;
der Blinde, blind man.

blin′ken, to gleam.

Blitz, *m.* (*pl.* -e), lightning.

blüh′en, to bloom.

Blu′me, *f.* (*pl.* -n), flower.

Blu′menblatt, *n.* (*pl.* ⸚er), flower-leaf, petal.

Blu′mengarten, *m.* (*pl.* ⸚), flower-garden.

blu′mig, flowery.

Blut, *n.*, blood.

blu′tig, bloody.

blut′rot, blood-red.

Bo′den, *m.*, ground, lands; soil; floor (of a room);
auf dem Boden, on the floor;

unser Grund und Boden, our estate (*or* territory); premises.

boh'ren, to bore, to thrust.

Boll'werk, *n.* (*pl.* -e), bulwark; protection.

bö'se (der), base, wicked, hard, bad, ominous.

Bos'heit, *f.*, malice, malignity.

Bo'te, *m.* (*pl.* -n), messenger, deputy, emissary.

brach ... herein', see hereinbrechen.

brach ... los, see losbrechen.

brach'te; brach'ten, see bringen.

brach'ten ... zu, see zubringen.

Brand, *m.* (*pl.* ⸚e), combustion, fire;
in Brand stecken, to set on fire.

brann'te, see brennen.

Brau'e, *f.* (*pl.* -n), (eye-)brow.

braun, brown, auburn; dark; muddy.

brau'sen, to roar, to thunder.

Braut, *f.* (*pl.* ⸚e), bride.

Bräu'tigam, *m.* (*pl.* -e), (bride-groom), the one intended.

bräut'lich, bridal.

Braut'schleier, *m.* (*pl.* -), bridal veil.

bre'chen (brach, gebrochen), to break.

breit, broad; broad-bladed; wide; far;
weit und breit, near and far.

brei'ten, to spread, to extend.

brei'tete ... aus, see ausbreiten.

bren'nen (brannte, gebrannt), to burn, to be lighted.

brin'gen (brachte, gebracht), to bring, to bring about, to contrive, to cause;
ein Opfer bringen, to make a sacrifice;
zum Schweigen bringen, to silence.

brin'gen ... herauf', see heraufbringen.

Brot, *n.* (*pl.* -e), (loaf of) bread.

Brot'kruste, *f.* (*pl.* -n), crust of bread.

Brü'cke, *f.* (*pl.* -n), bridge.
Bru'der, *m.* (*pl.* -̈), brother.
brum'men, to growl;
 das Brummen, growling.
Brun'nen, *m.* (*pl.* -), well, spring, fountain.
Brun'nenrand, *m.* (*pl.* -̈er), curb *or* lining of a well.
Brust, *f.* (*pl.* -̈e), breast, chest; heart.
Büch'senlauf, *m.* (*pl.* -̈e), rifle-barrel.
Bu'cium, *m.* (*Roumanian*), cow's horn, cowherd's horn.
Bün'del, *n.* (*pl.* -), parcel, packet; bag and baggage.
Burg, *f.* (*pl.* -en), castle.
Bur'sch(e), *m.* (*pl.* Burschen), young fellow.
bu'schig, bushy; shaggy, tufty.

C

Câm'pa (*Roumanian*), field.
Cetate'a (*Roumanian*), citadel, castle, borough.
Citro'ne, *f.* (*pl.* -n), lemon, lemon-peel.
Coa'ja (*Slavic*), bark, crust.

D

da (*adv.*), there, then;
 (*conj.*) as, since, whereas;
 da unten, down there, down below;
 es war nichts mehr da, als . . ., nothing was left but . . .
dabei' (emphat. da'bei), thereby, hereby; at (by) it; in this (undertaking), in the attempt.
Dach, *n.* (*pl.* -̈er), roof.
dach'te, see denken.
dach'te . . . nach, see nachdenken.
daher'fliegen (flog, geflogen), to fly *or* to rush along.
dahin' (emphat. da'hin), there, thither.
dahin'fließen (floß, geflossen), to glide along, to go on.
dahin'flüstern, to whisper along, to flow on as in a

whisper; to purl (to guggle *or* to murmur) along.

dahin′gehen (ging, gegangen), to pass along.

dahin′jagen, to rush *or* to dash along.

dahin′lenken, to direct there.

dahin′winden (wand, gewunden), sich, to wind along; to meander on *or* along.

da′liegen (lag, gelegen), to lie there.

da′mals, at that time, in those days.

damit′ (emphat. da′mit), therewith, with it (with this); with them; with these words;
(*conj.*) that, in order that.

Däm′merstunde, *f.* (*pl.* -n), hour of twilight; dusk.

dank′bar, grateful.

dan′ken, to thank.

dann, then, thereupon.

dan′nen (*adv.*), there;
von dannen, thence, away.

daran′ (emphat. da′ran), on (upon) it, from it, of it, about it.

darauf′ (emphat. da′rauf), thereon, on it; on this; thereupon, later.

daraus′ (emphat. da′raus), of it (of this).

darf, see dürfen.

darin′ (emphat. da′rin), therein; in it (in this), in there, in the same.

darü′ber (emphat. da′rüber), over it; over this *or* that; about this matter.

darum′ (emphat. da′rum), round *or* about it (*or* them); about this (*or* these); for this reason, therefore.

darun′ter, under (beneath) it; among (amidst of) them, between them.

das (*demonst. pron.*), that, this.

da′sitzen (saß, gesessen), to sit there.

daß, that; so that; in order that.

dau′ern, to last;

es dauerte nicht lange, it was not long (before . . .).

davon' (*emphat.* da'von), of it, of this.

davon'jagen, to hurry *or* to dash away.

davon'schleichen (schlich, geschlichen), to steal away.

dazu' (*emphat.* da'zu), thereto, to it.

De'cke, *f.* (*pl.* -n), cover, covering.

de'cken, to cover.

Dein, Dei'ne, Dein (*possess. pron.*), thy, your.

de'nen (*relat.*) = welchen, which; whom, (*demonst.*) = diesen, ihnen, these, them.

den'ken (dachte, gedacht), to think (of, an), to suppose, to imagine;
sich denken, to fancy.

denn (*explet.*), say! then;
(*conj.*) for, since.

der, die, das (*article*), the;
(*relat.*) who, which.

de'ren (*genit. of relat. pron.*), whose, of which (of whom).

der'gestalt, of such a nature; in such a manner; to such an extent.

der'jenige, die'jenige, das'jenige, that.

der'maßen = dergestalt.

dersel'be, diesel'be, dassel'be, the same; he (she, it).

des'sen (*genit. of demonst. pron.*), of it;
(*relat.*) whose, of which.

deutsch, German;
zu deutsch (= auf deutsch), in German.

Dich (*pers. pron.*), thee, you.

dicht, thick, tight, dense;
(*adv.*) close (by *or* near, on).

dick, thick, heavy.

Di'cke, *f.*, thickness, width.

Die'ner, *m.* (*pl.* -), servant.

die'ser, die'se, die'ses, this (one); that (one); the same;
dieser und jener, one and another.

dies'mal, this time.
Dir (*pers. pron.*), (to) thee, (to) you.
Di'wan, *m.* (*pl.* [-e] -s), divan, sopha.
Do'amnei (*Roumanian*), of the princess.
doch (*adv.*), yet, however;
  (*explet.*) certainly, after all, you know;
  (*interj.*) o yes, yes!
  aber doch, for all that;
  du bist doch nicht, I hope you are not.
Do'nau, *f.*, Danube (river).
Don'ner, *m.* (*pl.* -), thunder.
dop'pelt, double, in duplicates.
Dorf, *n.* (*pl.* -̈er), village.
dort, there.
dorthin', thither, there.
Dra'che, *m.* (*pl.* -n), dragon, monster.
Dra'chenfürst, *m.*, (*pl.* -en), prince of the dragons *or* monsters.
drän'gen, sich, to throng, to press, to crowd.
drau'ßen, outside, without, out of doors, out of the house.
dre'hen, to turn;
  sich drehen, to turn (round).
drei, three;
  die drei, the three, the trio.
drin'gen (drang, gedrungen), to press forward, to force one's way;
  bis zu Einem dringen, to reach some one.
drit'te (der), third.
dröh'nen, to rumble, to boom.
dröhn'te ... herauf', see heraufdröhnen.
drü'cken, to press (to, an).
drum (*colloq.*) for darum.
Du (*pers. pron.*), thou, you.
Duft, *m.* (*pl.* -̈e), fragrance, perfume, redolence.
dumpf, dull, heavy(-ily); gloomy(-ily), with a hollow voice.

Dun´kel, *n.*, darkness.

dun´kel (*attrib.* dunkler, dunkle, dunkles), dark, black.

durch (*accus.*), through; by, by means of.

durchaus´, absolutely, positively.

durchfor´schen, to explore, to search.

durchrei´ten (durchritt, durchritten), to ride through, to traverse *or* to cross (on horseback).

durchs = durch das.

durchschnei´den (durchschnitt, durchschnitten), to cut through *or* across.

durchschnit´ten, see durchschneiden.

durchschrei´ten (durchschritt, durchschritten), to stride (to walk, to pass) through.

durch´sichtig, transparent.

durchste´chen (durchstach, durchstochen), to run through (with a sword or a spear), to pierce.

dür´fen (*pres. indic.* darf, darfst, darf; dürfen, etc.), durfte, gedurft; may, to be allowed, to be at liberty, to have a right;
niemand sollte dürfen, no one else should have a right to . . .

dürf´ten, see dürfen.

dürr, dry, barren.

Durst, *m.*, thirst.

dü´ster, dark, murky; threatening.

E

e´ben (*adv.*), just; (= soeben), just now, just then;
eben dieser, just this, the very.

e´benso, just so, just the same.

e´bensolcher, -solche, -solches, of the same kind *or* pattern.

echt, genuine, veritable.

E´cke, *f.* (*pl.* -n), corner, angle.

e´del (*attrib.* edler, edle, edles), noble.

E´delstein, *m.* (*pl.* -e), precious stone, jewel, gem.

E´delweiß, *n.* (lit. NOBLE-WHITE), lion's foot, padelion (*a plant*).

e´he, before, than;
 eher . . . ehe, rather (sooner) . . . than, noch . . . ehe, (still) before . . .

E´hegemahl, *n.* (*obsol.*), consort, wife.

e´her, sooner, rather;
 eher . . . ehe, rather (sooner) . . . than.

Eh´renzeichen, *n.* (*pl.* -), badge of honor, medal for bravery.

ehr´erbietig, reverent(ly), respectful(ly).

Ei´che, *f.* (*pl.* -n), oak.

Eid, *m.* (*pl.* -e), oath.

eif′rig, eager(ly), zealous(ly).

ei′gen (*attrib.* eigner, eigne, eignes), one's own;
in eigner Person, in person.

ei′gentlich (*adv.*), properly speaking; actually, really.

Ei′gentum, *n.*, property.

ei′len, to hurry, to hasten.

ei′lig, hasty (-ily), speedy (-ily).

eil′te fort, see forteilen.

eil′te . . . herauf′, see heraufeilen.

ein, ei′ne, ein, a (an), one;
was für ein (eine, ein), what a . . ., what kind of a . . .

einan′der, each other, one another;
durch einander, through each other;
mit einander, with each other;
neben einander, side by side (of each other);
von einander, from one another;
zu einander, to one another.

ei′ner, ei′ne, ei′nes, one (of them), some one; something.

ein′fallen (fiel, gefallen), to fall in *or* down *or* upon; to invade, to make a descent;
(*impers.*) es fällt mir gar nicht ein, I do not dream of that, it does not enter my head.

Ein′gang, *m.* (*pl.* ⸚e), entrance.

ein′gehüllt, see einhüllen.

ein′geschlossen, see einschließen.

ein′hüllen, to enwrap, to envelop, to cover.

ei′nige, some; several, a few.

ein′kehren, to stop, to put up.

ein′klemmen, to squeeze *or* to jam in.

ein′laden (lud, geladen), to invite.

1. **ein′mal** (*definite*), one time, once.
2. **einmal′** (*indef.*), once, once upon a time;

noch einmal, once more.

ein′nehmen (nahm, genommen), to take.

ein′räumen, to cede, to yield, to give up (to, *dat.*).

ein′reiten (ritt, geritten), to ride in, to make one's entry (on horseback).

ein′richten, to arrange.

ein′saugen (sog, gesogen), to imbibe; to inhale.

ein′schlafen (schlief, geschlafen), to fall asleep.

ein′schlagen (schlug, geschlagen), to strike, to beat; to knock out;
    einen Weg einschlagen, to take (to follow *or* to pursue) a road.

ein′schließen (schloß, geschlossen), to lock in *or* up, to confine (to a room).

einst′mals, once, one day (in the future).

ein′zeln, single(ly), separate(ly), individual(ly).

ein′zige (der), single, only (one), exclusive.

ein′zukehren, see einkehren.

ein′zuräumen, see einräumen.

ein′zurichten, see einrichten.

Eis, *n.*, ice.

e′lend, miserable (-bly), wretched(ly).

El′fenbeinkamm, *m.* (*pl.* ⸚e), ivory comb.

El′tern, *pl.*, parents.

empor′, up, upwards.

empor′ragen, to project, to stand *or* to jut out, to tower up.

empor′reiten (ritt, geritten), to ride up *or* upwards.

empor′steigen (stieg, gestiegen), to climb up, to ascend, to rise.

em′sig, industrious(ly), busy (-ily).

En′de, *n.* (*pl.* -n), end;
    am Ende, at the end.

en′den, to end, to conclude; nicht enden wollend, endless, never-ending, boundless.

end′lich, at last, finally.

end′los, endless, boundless, immense.

eng, narrow.

entde′cken, to discover.

entei′len, to escape (from, *dat.*).

entflie′hen (entfloh, entflohen), to flee, to run away, to escape (from some one, *dat.*).

entfüh′ren, to carry off.

entge′genfliegen (flog, geflogen), to fly *or* to rush towards (some one, *dat.*).

entge′genflöge, see entgegenfliegen.

entge′genrufen (rief, gerufen), to call (to shout) to some one, *dat.*

entklei′den, to undress, to strip.

entkom′men (entkam, entkommen), to escape, to get off.

entlang′ (*accus., postposit.*), along.

entlang′streifen, to rove (to roam) along.

entlau′fen (entlief, entlaufen), to run away (from, *dat.*).

entrei′ßen (entriß, entrissen), to snatch (from, *dat.*).

Entschei′dung, *f.* (*pl.* -en), decision, issue; die Entscheidung fällt, the affair is settled; a choice is made.

entschlie′ßen (entschloß, entschlossen), to resolve, to determine.

entsetz′ensstarr, terror-stricken.

entsetz′lich, terrible (-bly), horrid(ly), enormous(ly).

entsetzt′, terrified, aghast.

entstel′len, to disfigure, to maim.

er, he (it).

Erbar′men, *n.*, pity.

Er′be, *n.*, inheritance, heirdom.

erblei′chen, to grow *or* to turn pale.

erbli′cken, to see, to perceive.

Erd′beben, *n.* (*pl.* -), earthquake.

Er′de, *f.*, earth; interior *or* womb of the earth; ground, soil;

dirt; floor (of a room);
   auf Erden, on earth, under the sun.
Er´denschoß, *m.*, interior (*or* womb) of the earth.
erfah´ren (erfuhr, erfahren), to learn, to be informed of.
Erfin´dung, *f.* (*pl.* -en), invention; fib.
erfor´schen, to explore, to examine.
Erfri´schung, *f.* (*pl.* -en), refreshing, recreation.
erfül´len, to fill; to strike (with fear).
ergän´zen, to complete, to supplement.
ergrei´fen (ergriff, ergriffen), to seize, to lay hold of.
erhal´ten (erhielt, erhalten), to get, to receive.
erha´schen, to catch, to seize, to lay hold of.
erhe´ben (erhob, erhoben), to raise, to lift up;
   sich erheben, to raise one's self; to rise, to start up.
erhiel´ten, see erhalten.
erhi´tzen, to heat.
erkal´ten, to grow cold;
   erkaltet, dead, of a dead *or* corpse.
erken´nen (erkannte, erkannt), to recognize, to discover.
erklä´ren, to explain.
erklin´gen (erklang, erklungen), to resound, to ring out; to be heard.
Erlaub´nis, *f.*, permission, license;
   ohne Erlaubnis jagen, to poach.
1. **erle´gen** (*infinitive*), to kill (game).
2. **erle´gen** (*perf. partic.*), see erliegen.
erlei´den (erlitt, erlitten), to suffer.
erlie´gen (erlag, erlegen), to succumb (to, *dat.*).
erlö´sen, to free, to deliver, to rescue.
ermat´ten, to grow tired *or* fatigued.
ernst, earnest(ly), grave(ly), stern(ly).
ernst´haft, serious(ly).
errei´chen, to reach, to get to.
erschal´len, to resound, to be heard.

erschei'nen (erschien, erschienen), to appear, to make one's appearance.

erschien', see erscheinen.

Erschöpf'ung, *f.*, exhaustion.

erschre'cken (erschrak, erschrocken), to be startled *or* confounded (at *or* by, bei).

erst (*adv.*), only, but, not until, not before.

er'ste (der), first; earliest.

ersti'cken, to suffocate (by *or* with, an), to choke, to smother.

erstür'men, to take (by storm *or* assault).

ertra'gen (ertrug, ertragen), to bear, to suffer, to stand.

erwach'sen (erwuchs, erwachsen), to grow, to arise, to spring, to proceed.

erwar'ten, to await, to wait for, to expect; to face.

erwür'gen, to strangle, to throttle; to kill, to slay.

erzäh'len, to tell.

Erzäh'ler, *m.* (*pl.* -), story-teller.

erzieh'en (erzog, erzogen), to bring up, to educate.

erzo'gen, see erziehen.

es, it, something; there.

et'wa, perhaps.

et'was, something, somewhat.

Euch (*dat. and accus. pl. of pers. pron.*), (to) you.

Eu'er, Eu'(e)re, Eu'er (*poss. pron.*), your.

e'wig, eternal(ly), perpetual(ly).

F

Fa'den, *m.* (*pl.* -̈), thread.

Fah'nenflüchtige(r), *m.* (*pl.* Fahnenflüchtige[n]), deserter.

fal'len (fiel, gefallen), to fall *or* to throw one's self; to fall in battle = to be killed;
Einem zu Füßen fallen, to fall *or* to throw one's self at some one's feet.

falsch, false; wrong (way).

Fal′te, *f.* (*pl.* -n), fold; wrinkle.

fal′ten, to fold.

fand, see finden.

fan′gen (fing, gefangen), to catch, to capture, to take prisoner;
gefangen setzen, to imprison, to detain in custody;
der (die) Gefangene, prisoner.

Far′be, *f.* (*pl.* -n), (fresh, high) color;
Farbe . . . bringen, to bring about (to cause, to produce) color.

fas′sen, to seize.

fast, almost, nearly; hardly.

Fee, *f.* (*pl.* -en), fairy.

fehl′geschossen, see fehlschießen.

fehl′schießen (schoß, geschossen), to miss the mark;
fehlgeschossen! entirely mistaken! quite out.

Fehl′tritt, *m.* (*pl.* -e), false step, slip.

Fei′ertag, *m.* (*pl.* -e), holiday.

Feig′ling, *m.* (*pl.* -e), coward.

fein, fine, thin, delicate, soft.

Feind, *m.* (*pl.* -e), enemy, foe.

feind′lich, hostile.

Feld, *n.* (*pl.* -er), field; (= Gefilde, *n.*), fields, plains.

Fels′block, *m.* (*pl.* ⸚e), large piece of rock, block.

Fel′sen, *m.* (*pl.* -), rock, crag.

Fel′senkegel, *m.* (*pl.* -), (sugar-loaf-mountain), rocky height *or* cliff.

Fel′senkirchlein, *n.* (*pl.* -), mountain-chapel.

Fel′senrand, *m.* (*pl.* ⸚er), edge of a rock.

Fel′senspitze, *f.* (*pl.* -n), peak, crag.

Fels′platte, *f.* (*pl.* -n), shelf of rock.

Fels′stück, *n.* (*pl.* -e), piece of rock, boulder.

Fen′ster, *n.* (*pl.* -), window;

am Fenster, by (*or* near) the window.

Fen´sterchen, *n.* (*pl.* -), little (small) window.

fern, far (away), afar;
von fern, from afar, from *or* at a distance.

fer´tig, done;
mit etwas fertig sein, to have done *or* finished something.

fest, firm(ly), tight(ly);
festen Fußes, without stirring from one's place.

fett, fat, rich.

feucht, moist, damp.

Feu´er, *n.* (*pl.* -), fire.

Fie´ber, *n.* (*pl.* -), fever.

fiel, see fallen.

fiel . . . ein, see einfallen.

fiel . . . hin, see hinfallen.

fie´le (*past subj.*), see fallen.

fin´den (fand, gefunden), to find, to get;
sich finden, to be found.

fing . . . an, see anfangen.

Fin´ger, *m.* (*pl.* -), finger.

Fin´gernagel, *m.* (*pl.* ¨-), finger-nail.

fin´ster, dark; gloomy; stern, sinister.

flach, flat.

Flam´me, *f.* (*pl.* -n), flame.

flat´tern, to float, to hang loose, to wave.

Flech´te, *f.* (*pl.* -n), plait *or* tress (of hair).

fle´hen, to beseech, to entreat, to implore.

flie´gen (flog, geflogen), to fly, to sweep, to dash, to pass swiftly.

flie´hen (floh, geflohen), to flee, to take to flight.

flie´ßen (floß, geflossen), to flow.

flog, see fliegen.

flog . . . bergab´, see bergabfliegen.

flog . . . zu, see zufliegen.

floß, see fließen.

floß . . . dahin', see dahinfließen.

Fluch, *m.* (*pl.* -̈e), curse;
 Fluch über dich! a curse upon you!

flüch'ten, sich, to flee, to take to flight.

Flü'gel, *m.* (*pl.* -), wing.

flü'stern, to whisper.

flü'sterten . . . dahin', see dahinflüstern.

Fluß, *m.* (*pl.* -̈e), river.

Fluß'bett, *n.* (*pl.* -en), bed of a river.

Flut, *f.* (*pl.* -en), flood.

for'dern, to demand, to ask.

fort, away; on, along;
 er mußte fort, he had to leave;
 ich bin fort, I have left *or* gone.

fort'eilen, to hasten away.

fort'gehen (ging, gegangen), to go on, to continue (walking).

fort'geschickt, see fortschicken.

fort'schicken, to send away *or* on furlough; to dismiss.

fort'schleifen, to drag (*or* to draggle) on *or* along.

fort'schwemmen, to wash away, to carry away.

fort'währen, to continue (to be), to last.

fort'wischen, to wipe off, to dry (tears).

Fra'ge, *f.* (*pl.* -n), question, inquiry.

fra'gen, to ask, to inquire (for, nach);
 nichts nach Einem fragen, not to care for *or* about some one.

Frau, *f.* (*pl.* -en), woman, lady (Lady), Mrs., "Frau," wife;
 Frau Roxana, "Frau" Roxane.

Frau'engestalt, *f.* (*pl.* -en), womanly figure, woman.

frei, free;
 sich frei arbeiten, to free one's self, to set one's self free.

frei'en, to court (a lady); to marry.

Frei′heit, *f. (pl.* -en), freedom, liberty.

frei′lich, of course, indeed.

Frei′werber, *m. (pl.* -), match-maker, deputy-wooer.

fremd, strange; foreign;
 der Fremde (ein Fremder), stranger, visitor, guest;
 ein fremder Mann, a stranger.

Freu′de, *f. (pl.* -n), joy, pleasure;
 mit Freuden, gladly, joyfully;
 Einem eine Freude machen, to give some one joy.

freu′destrahlen, to beam with joy.

freu′dig, gladsome(ly), cheerful(ly), joyful(ly).

freu′en (= erfreuen), to delight, to give pleasure;
 es freut mich, it gives me joy.

Freund, *m. (pl.* -e), friend.

freund′lich, kind(ly), pleasant(ly).

frie′ren (fror, gefroren), to be cold; (= gefrieren) to freeze, to congeal.

frisch, fresh, cool, lively.

froh, happy, joyful, merry.

fröh′lich, glad(ly), cheerful(ly).

Frost, *m.* frost, cold, chill;
 von Frost geschüttelt, shivering with cold.

frü′h(e), early; in young years.

frü′her, earlier, former; before; formerly, in former times.

Früh′licht, *n. (pl.* -er), morning-light.

füg′te ... hinzu′, see hinzufügen.

füh′len, to feel.

füh′ren, to lead, to guide, to direct; to carry;
 irre führen, to lead astray, to misdirect.

fül′len, to fill.

fun′keln, to sparkle.

fun′kensprühen, to emit sparks;
 das Funkensprühen, emitting of sparks, scintillation.

für (*accus.*), for, as; to;
 (*adv.*) was für ein (eine, ein), what a ..., what kind of

a . . .

Furcht, *f.*, fright, fear.

furcht'bar, horrible (-bly), terrible (-bly).

fürch'ten, to fear, to dread;
  der Gefürchtete, the much dreaded;
  sich fürchten, to be afraid *or* in fear.

Fürst, *m. (pl.* -en), (reigning) prince; ruler.

Für'stin, *f. (pl.* -nen), (reigning) princess.

Fuß, *m. (pl.* -̈e), foot; bottom;
  festen Fußes, without stirring from one's place;
  zu Füßen, at some one's feet.

Fuß'spitze, *f. (pl.* -n), point of the foot.

G

gab, see geben.

gab . . . nach, see nachgeben.

ga'ben . . . auf, see aufgeben.

galoppie'ren, to gallop.

ganz, entire(ly), whole (wholly), ful(ly), absolute(ly), altogether;
  ganz jung, very young;
  ganz und gar nicht, not at all, by no means whatever;
  ein ganz klein wenig, a very little bit.

gar, at all; even, still more particularly;
  gar nicht, not at all; by no means;
  gar zu alt, altogether too old;
  gar kein, no . . . at all, no . . . whatever.

Gast, *m. (pl.* -̈e), guest.

Gast'geber, *m. (pl.* -), host, entertainer.

gebä'ren (gebar, geboren), to give birth, to bring forth.

ge'ben (gab, gegeben), to give, to bestow (upon, *dat.*);
  es giebt, there is (there are); there is (are) found;
  eine Antwort geben, to answer.

gebe'tet, see beten.

Gebir'ge, *n. (pl.* -), mountain-range, (Carpathian) mountains.

Gebirgs´städtchen, *n.* (*pl.* -), mountain-town.

geblen´det, see blenden.

gebo´ren, see gebären.

gebor´gen, see bergen.

gebracht´, see bringen.

gebrei´tet, see breiten.

gebun´den, see binden.

Gebüsch´, *n.* (*pl.* -e), thicket, underwood.

gedach´te; gedach´ten, see gedenken.

Gedan´ke(n), *m.* (*pl.* Gedanken), thought, idea, notion.

geden´ken (gedachte, gedacht), to be mindful (of, *genit.*); to mind, to have a mind, to contemplate.

gedrun´gen, see dringen.

Gefahr´, *f.* (*pl.* -en), danger.

gefähr´lich, dangerous.

gefal´tet, see falten.

Gefan´gene(r), *m.*, *f.* (*pl.* Gefangene[n]), prisoner.

Gefan´genschaft, *f.*, captivity, imprisonment.

Gefil´de, *n.* (*pl.* -), fields.

gefrie´ren (gefror, gefroren), to freeze, to congeal.

gefro´ren, see frieren and gefrieren.

Gefühl´, *n.* (*pl.* -e), feeling, consciousness.

gefun´den, see finden.

ge´gen (*accus.*), against, from, of; to, towards; compared (in comparison) with.

Ge´genbesuch, *m.* (*pl.* -e), return-visit, visit in return.

gegenü´ber (*dat.*, *postpositive*), opposite, face to face.

gegenü´berstehen (stand, gestanden), sich, to stand (to be standing) face to face of each other.

gehabt´, see *auxil. v.* haben.

ge´he . . . hinab´, see hinabgehen.

ge´hen (ging, gegangen), to go, to come, to leave, to depart; to walk, to move about.

ge´hen . . . an, see angehen.

Gehölz', *n.* (*pl.* -e), thicket, copse.

gehö'ren, to belong (to, *dat.*).

gehö'rig, required, appointed, necessary, due.

Geläch'ter, *n.*, laughing, laughter.

gelan'gen, to arrive (at, zu), to come *or* to get (to, zu), to reach.

gelb, yellow.

gelb'haarig, yellow-haired.

Geld, *n.* (*pl.* -er), money.

gele'gen, see liegen.

geliebt', see lieben.

Gelieb'te(r), *m.* (*pl.* Geliebte[n]), lover.

gelin'gen (gelang, gelungen), to be successful, to succeed; „es" gelingt mir, I succeed (in, zu).

gelit'ten, see leiden.

Gemach', *n.* (*pl.* ̈-er), room, apartment.

Gemahl', *m.* (*pl.* -e), consort, husband.

Gemetz'el, *n.* (*pl.* -), slaughter, butchery, carnage.

Gem'se, *f.* (*pl.* -n), chamois.

Gems'jäger, *m.* (*pl.* -), chamois-hunter.

gemüt'lich, easy (-ily), comfortable (-bly).

genau', exact(ly), careful(ly), thorough(ly).

genug', enough, sufficient(ly).

genü'gen, to suffice;
sich genügen lassen, to be content *or* satisfied (with, an).

gera'de (*adv.*), just, directly, exactly, right.

gern, with pleasure, gladly, willingly;
gern haben, to like, to love;
er vertrieb gern die Zeit, he liked to make pass away (beguile) the time.

Geröll', *n.* (*collect.*), boulder-stones, rubble-stones.

Geruch', *m.* (*pl.* ̈-e), smell, odor.

gesandt', see senden.

Gesang', *m.* (*pl.* ̈-e), singing, song.

geschäh′en (*past subj.* of geschehen).

gescheh′en (geschah, geschehen), to happen, to occur; to be done.

Geschenk′, *n.* (*pl.* -e), gift, present.

Geschich′te, *f.* (*pl.* -n), tale, story; history.

Geschlecht′, *n.* (*pl.* -er), family, house, lineage.

geschlun′gen, see schlingen.

geschnit′ten, see schneiden.

geschwun′gen, see schwingen.

Gesell′schaft, *f.* (*pl.* -en), company, visitors, guests.

Gesicht′, *n.* (*pl.* -er), face.

geson′nen, see sinnen.

Gespenst′, *n.* (*pl.* -er), spectre.

Gespinst′, *n.* (*pl.* -e), spinning, web, textile fabric.

Gespräch′, *n.* (*pl.* -e), talk, conversation.

Gestalt′, *f.* (*pl.* -en), form, figure.

gestan′den, see stehen.

gesteh′en (gestand, gestanden), to confess, to declare.

Gestein′, *n.* (*collect.*), rocks.

ge′stern, yesterday.

gestreng′, strict, rigorous.

gestrit′ten, see streiten.

Gestüt′, *n.* (*pl.* -e), stud, studdery.

gethan′, see thun.

getrennt′, see trennen.

gewah′ren, to become aware of, to catch sight of, to perceive.

gewäh′ren, to allow, to give, to yield.

gewal′tig, mighty, stupendous, towering.

Gewand′, *n.* (*pl.* -̈er), robe, dress, garment.

gewe′sen, see *auxil. v.* sein.

gewin′nen (gewann, gewonnen), to win, to gain, to obtain; lieb gewinnen, to become fond (of, *accus.*).

gewiß′, certain(ly), doubtless(ly);
 ganz gewiß, most assuredly, beyond doubt.
gewöhn′lich, ordinary (-ily), common(ly), customary (-ily); as a rule.
gewohnt′, wont, used, accustomed.
gewon′nen, see gewinnen.
gezo′gen, see ziehen.
ging (gin′gen) . . . auf, see aufgehen.
ging . . . fort, see fortgehen.
ging . . . heim, see heimgehen.
ging . . . hinauf′, see hinaufgehen.
ging . . . un′ter, see untergehen.
ging . . . voran′, see vorangehen.
ging . . . wei′ter, see weitergehen.
ging . . . zu, see zugehen.
gin′gen . . . hinaus′, see hinausgehen.
gin′gen . . . umher′, see umhergehen.
Gipf′el, *m.* (*pl.* -), top, peak.
Glanz, *m.*, radiance, flash, lustre.
glän′zen, to shine, to glitter.
glatt, smooth, slippery.
glät′ten, to smooth.
glau′ben, to believe, to think.
gleich (*colloq.*) = sogleich, directly, forthwith, offhand.
glei′chen (glich, geglichen), to equal *or* to match (something, *dat.*).
gleich′geartet, congenerous, congenial.
gleich′mäßig, uniform, regular.
glich, see gleichen.
Glied, *n.* (*pl.* -er), limb.
Glied′maßen, *pl.*, limbs (of the body).
glim′men, to glimmer, to gleam.
glitz′ern, to glitter, to glisten.

Gloan′tza (*Roumanian*), proper name.

Glo′cke, *f.* (*pl.* -n), bell.

glo′ckenhell, as clear as a bell.

Glo′rienschein, *m.*, glory, halo; evening-red.

Glück, *n.*, good luck.

glück′lich, fortunate; happy.

glüh′en, to glow.

Glut, *f.* (*pl.* -en), glow, flame.

Gold, *n.*, gold.

gol′den, golden, of gold, golden-yellow.

Gold′faden, *m.* (*pl.* -̈), gold-thread;
  (*pl.*) spun-gold; bridal veil.

Gott, *m.* (*pl.* -̈er), God, the Lord;
  der liebe Gott, the good Lord; our heavenly father;
  die Mutter Gottes, the mother of our Lord, the Holy
    Virgin;
  mein Gott! good gracious!

Got′teswillen, *m.*, love of God;
  um Gotteswillen (*or* um Gottes willen), for God's sake, for
    Heaven's sake.

gottlob′! (*interj.*) = Gott Lob! thank God!

gott′los, godless, impious, wicked.

Grab, *n.* (*pl.* -̈er), grave.

gra′ben (grub, gegraben), to dig.

Gras, *n.* (*pl.* -̈er), grass.

gräß′lich, horrible (-bly), awful(ly).

grau, gray.

grau′en, to dawn.

grau′sam, cruel, atrocious.

Grau′samkeit, *f.* (*pl.* -en), cruelty, atrocity.

grei′fen (griff, gegriffen), to grasp *or* to catch (at, nach), to
  raise one's hand (at, nach), to stretch one's hand
  (at, nach).

Gren′ze, *f.* (*pl.* -n), boundary, border(s), limit.

griff, see greifen.

grin´sen, to grin.

groß, great, big, large; grand.

Groß´mutter, *f.* (*pl.* -̈), grandmother.

Groß´vater, *m.* (*pl.* -̈), grandfather.

grün, green, greenish-gray;
das Grün, verdure; green fields.

Grund, *m.* (*pl.* -̈e), ground, property; reason;
Grund und Boden, territory, premises, grounds;
zu Grunde gehen, to perish;
im Grunde, at (on) the bottom.

Grup´pe, *f.* (*pl.* -n), (mountain) group.

grü´ßen, to greet.

grü´ßten ... hinauf´, see hinaufgrüßen.

gün´stig, favorable; propitious.

Gür´tel, *m.* (*pl.* -), girdle, belt.

gut (*comparat.* besser; *superl.* best), good;
(*adv.*) well, fortunate;
gutes (Gutes), good things;
gutes wünschen, to wish some one well.

gü´tig, kind(ly), gracious(ly).

H

Haar, *n.* (*pl.* -e), hair.

Haar´strähne, *f.* (*pl.* -n), lock of hair.

ha´be; hast (*pres. indic. of auxil. v.* haben); have (I); hast (thou), have (you).

ha´be! (*imperat.* of haben).

ha´ben (hatte, gehabt), *auxil. verb* to have; to possess.

Hab´gier, *f.*, greediness.

Hahn, *m.* (*pl.* -̈e), cock.

halb, (one, a) half, partly.

Hälf´te, *f.* (*pl.* -n), half, middle;
zur Hälfte, to the middle.

Hal´le, *f.* (*pl.* -n), vestibule, corridor.

Halm, *m.* (*pl.* -e), blade (of grass).

Hals, *m.* (*pl.* -̈e), neck, throat;
es kostet ihm den Hals, it costs his life.

Häls′chen, *n.* (*pl.* -), (sweet *or* pretty) little neck.

hal′ten (hielt, gehalten), to hold, to keep, to carry, to take for, to consider;
für sicher halten, to take for certain;
zum besten halten, to make sport *or* fun of one.

Hal′tung, *f.* (*pl.* -en), attitude.

hä′misch, malicious(ly), spiteful(ly).

Hand, *f.* (*pl.* -̈e), hand.

han′gen (hing, gehangen), to hang, to be suspended.

Här′chen, *n.* (*pl.* -), little hair, single hair.

hart, hard, severe, unrelenting; tough.

Ha′selnuß, *f.* (*pl.* -̈e), hazel-nut.

has′peln, to wind up, to reel.

has′sen, to hate.

häß′lich, ugly, hideous.

hat′te; hat′ten, see haben, *auxil. v.*

hät′te; hät′ten (*past subj.* of haben).

hau′en (hieb, gehauen), to hew; to strike, to cut;
der Bär hieb nach ihr, the bear struck a blow with the paw at her.

Hau′fen, *m.* (*pl.* -), heap, pile.

Haupt, *n.* (*pl.* -̈er), head.

Haus, *n.* (*pl.* -̈er), house, home; cottage;
nach Hause, home (*adv.*);
von Hause, from home;
zu Hause, at home.

Haut, *f.* (*pl.* -̈e), skin, complexion.

he′ben (hob, gehoben), to raise, to throw up.

Heer, *n.* (*pl.* -e), army.

Heft, *n.* (*pl.* -e), haft, handle.

hef′tig, intense(ly), immense(ly), keen(ly).

Hei′de, *f.* (*pl.* -n), heath.

Heim, *n.*, home.

heim (*adv.*), home.

Hei′mat, *f.* (*pl.* -en), home.

heim′gehen (ging, gegangen), to go home.

heim′kehren, to return home.

heim′kommen (kam, gekommen), to come *or* to return home.

heim′lich, secret(ly), private(ly); familiar(ly), intimate(ly); still, quiet.

Heim′suchung, *f.* (*pl.* -en), visitation; punishment.

hei′raten, to marry.

heiß, hot, fervid, vehement.

hei′ßen (hieß, geheißen), to call, to name; to be called *or* named; to bid, to request;
wie heißt du? what is your name?

hei′ter, cheerful(ly), merry (-ily), serene(ly).

Hei′terkeit, *f.*, merriment.

Held, *m.* (*pl.* -en), hero.

Hel′denthat, *f.* (*pl.* -en), heroic deed.

Hel′dentum, *n.*, heroism.

hel′fen, (*pres. indic.* helfe, hilfst, hilft, helfen, etc.), half, geholfen, to help, to bring *or* to render help.

hell, clear, bright, brilliant; silvery;
immer heller, more and more brilliant.

her, hither, this way, up;
hin und her, hither and thither, up and down;
um . . . her, round about;
von . . . her, from.

herab′, down (upon, auf).

herab′rollen, to roll down.

herab′rufen (rief, gerufen), to call down (upon some one, auf), to summon.

herab′strömen, to flow down.

heran′kriechen (kroch, gekrochen), to creep *or* to crawl near.

heran′rücken, to advance (to, towards, zu).

heran′sausen, to gallop up *or* near.

heran′stürmen, to advance to the attack.

herauf′, up, upwards.

herauf′bringen (brachte, gebracht), to bring *or* to carry up (from, aus).

herauf′dröhnen, to rumble up, to boom up.

herauf′eilen, to hurry up(wards).

herauf′geleiten, to lead (to accompany *or* to take) up.

herauf′kommen (kam, gekommen), to come up.

herauf′steigen (stieg, gestiegen), to step up, to come up (to, zu).

heraus′kommen (kam, gekommen), to come out (of the house).

heraus′nehmen (nahm, genommen), to take *or* to draw out.

heraus′ziehen (zog, gezogen), to pull (to draw, to get) out.

herbei′rufen (rief, gerufen), to call (here *or* near).

herbei′strömen, to rush *or* to flock near.

Her′de, *f.* (*pl.* -n), herd, flock (of sheep).

herein′ (zu), in, into.

herein′brechen (brach, gebrochen), to come on, to set in, to befall *or* to overtake (some one, über).

herein′kommen (kam, gekommen), to come in, to flow (*or* to blow) in, to enter.

herein′lugen, to look *or* to peep (into, zu).

herein′strömen, to stream *or* to flow in.

herein′stürzen, to rush in (to, zu).

herein′treten (trat, getreten), to walk in, to enter.

her′geben (gab, gegeben), to give up, to deliver.

Herr, *m.* (*pl.* -en), gentleman, Sire.

Her′rin, *f.* (*pl.* -nen), lady, mistress.

herr′lich, magnificent, stately.

herü'berkommen (kam, gekommen), to come over (to this side), to cross.

herü'berlassen (ließ, gelassen), to allow to cross *or* to come over (to this side).

herum', round, about;
drum herum, all around (them), round about (them).

herun'ter, down.

herun'terheben (hob, gehoben), to heave *or* to hand down; to help (some one, *dat.*) down.

herun'terwälzen, to roll down.

hervor'brachte, see hervorbringen.

hervor'bringen (brachte, gebracht), to bring forth;
ein Wort hervorbringen, to utter a word.

hervor'quellen (quoll, gequollen), to flow forth, to ooze out.

hervor'quoll, see hervorquellen.

hervor'sprudeln, to be sputtered forth *or* out; to be rapidly spoken;
hervorsprudelnde Worte, deluge *or* volley of words.

hervor'stehlen (stahl, gestohlen), sich, to flow forth, to break forth.

hervor'treten (trat, getreten), to step forth, to come forward (from, aus).

Herz, *n.* (*pl.* -en), heart;
ums Herz, at heart.

Her'zeleid, *n.*, heart sore, grief, worry.

Heu, *n.*, hay.

heu'len, to howl, to roar;
die Heulende (howler, roarer), roaring torrent.

Heu'schrecke, *f.* (*pl.* -n), locust; grasshopper.

heu'te, to-day.

He'xe, *f.* (*pl.* -n), hag, witch.

He'xenburg, *f.* (*pl.* -en), witch's castle.

hieb, see hauen.

hielt, see halten.

hielt . . . an, see anhalten.
hier, here;
   hier und da, here and there, now and then, occasionally.
hierauf' (emphat. hier'auf), on (upon, to, for) this.
Hil'fe, *f.*, help.
hilft, see helfen.
Him'mel, *m.* (*pl.* -), heaven; Heaven; sky.
Him'melsbewohner, *m.* (*pl.* -), inhabitant *or* denizen of heaven.
hin, thither, one way, that way, down;
   hin und her, hither and thither, up and down.
hinab', down (to, zu).
hinab'gehen (ging, gegangen), to go down.
hinab'reichen, to reach down.
hinab'rollen, to roll down;
   das Hinabrollen, rolling down.
hinab'sehen (sah, gesehen), to look down.
hinab'stürzen, to fall (to shoot, to tumble) down.
hinab'toben, to storm *or* to rage down (to, zu).
hinab'wälzen, to roll down.
hinan'sprengen, to gallop up (to, zu).
hinauf', up (to, zu);
   am . . . hinauf, up . . . along the . . ., den Fluß hinauf, up the river, up stream.
hinauf'blicken, to look up (to, zu).
hinauf'gehen (ging, gegangen), to go *or* to walk upwards *or* up the stream.
hinauf'grüßen, to send a salute up (to, zu), to blow a kiss up (to, zu).
hinauf'wandern, to wander up.
hinaus', out (of, zu).
hinaus'gehen (ging, gegangen), to go out, to leave one's home.
hinaus'jagen, to turn out, to expel.
hinaus'sehen (sah, gesehen), to look out (of, zu).

hinaus'treten (trat, getreten), to step (to go *or* to come) out.
hinein'starren, to stare into; to stand out.
hinein'waten, to wade in.
hin'fallen (fiel, gefallen), to fall down.
hing, see hangen.
hin'kommen (kam, gekommen), to come *or* to get to a place (there);
 wo ist er hingekommen? what has become of him?
hink'ten . . . umher', see umherhinken.
hin'sinken (sank, gesunken), to sink down, to fall to the ground.
hin'starren, to stare at (*or* towards).
hin'ter (*dat. accus.*), behind.
Hin'terbein, *n.* (*pl.* -e), hindleg.
hinterher', behind, following.
hin'treten (trat, getreten), to step forth *or* near, to make one's appearance.
hinü'berblicken, to look over (to, zu).
hinzu'fügen, to add.
Hirn'gespinst, *n.* (*pl.* -e), fancy, phantom.
Hir't(e), *m.* (*pl.* Hirten), herdsman, shepherd.
Hi'tze, *f.*, heat.
hob, see heben.
hob . . . herun'ter, see herunterheben.
hoch (*attrib.* hoher, hohe, hohes), high; tall, stately.
hoch'klopfend, loud beating, palpitating.
Hoch'zeit, *f.* (*pl.* -en), wedding, nuptials.
Hoch'zeitstag, *m.* (*pl.* -e), wedding-day.
Hof, *m.* (*pl.* ⸚e), yard, castle-yard; court;
 im Hofe, in the yard (castle-yard);
 bei Hofe (am Hofe), at court.
hof'fen, to hope.
Hoff'nung, *f.* (*pl.* -en), hope.
höf'lich, polite(ly), courteous(ly).

ho′he, see hoch.
Hö′he, *f.* (*pl.* -n), height;
　in die Höhe, up;
　in die Höhe sehen, to look up.
ho′hem, see hoch.
hö′her, see hoch.
hohl, hollow, sunken (eyes).
Höh′le, *f.* (*pl.* -n), cave; den.
hold, sweet, charming, graceful.
ho′len, to haul; to fetch, to go for, to take (from, aus).
Holz′stab, *m.* (*pl.* ⸚e), piece of (smoothed) wood, willow-stick.
Ho′ra, *f.* (*Roumanian*), dance, country-waltz.
hör′bar, audible (-bly).
hor′chen, to hearken, to listen (to, auf).
hö′ren, to hear, to perceive, to notice;
　hören lassen, to sound, to blow (an instrument).
Horn, *n.* (*pl.* ⸚er), horn.
hört . . . an, see anhören.
hu! (*interj.*) ugh!
hub . . . an, see anheben.
hübsch, pretty.
Huf, *m.* (*pl.* -e), hoof (of a horse).
Huf′schlag, *m.* (*pl.* ⸚e), foot-beat of a horse, clang (*or* tramp) of a horse's feet.
Hü′gel, *m.* (*pl.* -), hill, elevation.
Hund, *m.* (*pl.* -e), dog.
hun′dert, (one) hundred.
Hun′ger, *m.*, hunger.
hun′gern, to hunger, to be hungry;
　die Hungernden, the starving.
Hun′gersnot, *f.* (*pl.* ⸚e), famine.
hü′ten, to guard, to tend.

I

ich, I.
ihm (*pers. pron.*), (to) him; (to) it.
ihn (*pers. pron.*), him (it).
ih´nen (*pers. pron.*), (to) them.
ihr, ih´re, ihr (*possess. pron.*), her; their;
 (*pers. pron.*) her.
Ihr (*nominat. pl. of pers. pron.*), you.
ih´rer (*genit. pl. of pers. pron.*), of them.
im = in dem.
im´mer, always, ever, for ever;
 immer heller, brighter and brighter;
 immer noch, still;
 noch immer, still.
im´merfort, all the time, constantly, ever and ever.
in (*dat. accus.*), in, into, to.
in´brünstig, ardent(ly), fervent(ly).
indem´ (*conj.*), while *or* by *pres. partic.*
inmit´ten, in the midst of, amidst.
ins = in das.
Iri´na (*proper name*), Irene.
ir´r(e), astray, wrong;
 irre führen, to lead astray (wrong *or* out of the way), to mislead.
Irr´tum, *m.* (*pl.* ¨er), error, deception, erroneous notion.

J

ja (*affirmative particle*), yes;
 (*explet. adv.*) why! you know.
Jagd, *f.* (*pl.* -en), hunt, chase; hunting-party;
 auf der Jagd, hunting.
Jagd´frevel, *m.* poaching.
ja´gen, to hunt, to chase; to ride (to drive, to dash, to sweep) along *or* forth;
 ohne Erlaubnis jagen, to poach.

Jä′ger, *m.* (*pl.* -), hunter, huntsman; (for die Jägerin) huntress.

jag′ten dahin′, see dahinjagen.

jag′ten . . . davon′, see davonjagen.

Jahr, *n.* (*pl.* -e), year.

jäm′merlich, miserable (-bly), deplorable (-bly).

jam′mern, to wail, to moan;
das Jammern, wailing, moaning.

jauch′zen, to shout exultingly, to exult.

je, ever;
je . . . (desto) um so, the . . . the.

je′der, je′de, je′des, each (one); every (one); either.

je′ner, je′ne, je′nes, that (one);
dieser und jener, one and another.

jetzt, now;
noch jetzt, even now, still.

ju′gendlich, youthful, juvenile.

jung, young.

Jun′ge, *n.* (*pl.* -n), young, a young one; chicken (chick).

Jung′frau, *f.* (*pl.* -en), maiden, virgin.

Jüng′ling, *m.* (*pl.* -e), youth, lad.

jüngst (*adv.*), of late, lately, the other day.

Juwel′, *n.* (*pl.* -en), jewel, gem;
(*pl.*) jewelry.

K

kahl, bald, bare, leafless, smooth.

Kai′ser, *m.* (*pl.* -), emperor.

kam, see kommen.

kam . . . ab, see abkommen.

kam . . . herauf′, see heraufkommen.

kam . . . herein′, see hereinkommen.

kam (ka′men) . . . vor, see vorkommen.

kam . . . zuvor′, see zuvorkommen.

Kamin', *m.* (*pl.* -e), fire-place, fireside, open fire.
käm'men, to comb.
Kam'mer, *f.* (*pl.* -n), (side-) chamber, (adjoining) apartment, closet.
Kampf, *m.* (*pl.* ̈-e), struggle, fight(ing).
käm'pfen, to fight (for, um).
kann, kannst, see können.
kann'te, see kennen.
Kano'ne, *f.* (*pl.* -n), cannon.
kau'fen, to buy.
kaum, hardly, with difficulty.
Ke'gel, *m.* (*pl.* -), cone.
kehr'te . . . zurück', see zurückkehren.
keim'te . . . auf, see aufkeimen.
kein, kei'ne, kein, no;
  gar keinen Schlaf, no sleep whatever.
kei'ner, kei'ne, kei'n(e)s, no one, not any one; nothing, not anything; neither.
Kel'ler, *m.* (*pl.* -), cellar, cavern.
ken'nen (kannte, gekannt), to know.
Kerl, *m.* (*pl.* -e), fellow (chap), wretch.
Kern, *m.* (*pl.* -e), kernel, nucleus; pupil (of the eye).
Ker'ze, *f.* (*pl.* -n), candle, votive candle.
Kind, *n.* (*pl.* -er), child.
Kinn, *n.* (*pl.* -e), chin.
Kir'che, *f.* (*pl.* -n), church, chapel.
Kis'sen, *n.* (*pl.* -), cushion; pillow.
Kla'ge, *f.* (*pl.* -n), lamentation, complaint.
klang, see klingen.
klar, clear, bright, transparent.
klat'schen, to pop, to clack, to clap;
  in die Hände klatschen, to clap hands.
Kleid, *n.* (*pl.* -er), dress, garment.
klein, small, little.

klem′men, to squeeze, to jam.
klin′gen (klang, geklungen), to sound; to be heard.
klo′pfen, to knock; to beat, to palpitate.
klug, wise, prudent, smart.
Kna′be, *m.* (*pl.* -n), boy.
Knie, *n.* (*pl.* -e), knee.
knie′en, to kneel.
knie′te . . . nie′der, see niederknieen.
Koh′le, *f.* (*pl.* -n), (piece of) coal.
ko′misch, comic, funny, droll.
komm . . . herauf′, see heraufkommen.
komm . . . heraus′, see herauskommen.
kom′me . . . heim, see heimkommen.
kom′me . . . wie′der, see wiederkommen.
kom′men (kam, gekommen), to come, to arrive, to get to;
    wieder zu sich kommen, to recover.
kommst wie′der, see wiederkommen.
Kö′nig, *m.* (*pl.* -e), king.
Kö′nigin, *f.* (*pl.* -nen), queen.
Kö′nigreich, *n.* (*pl.* -e), kingdom, realm.
Kö′nigskind, *n.* (*pl.* -er), child of a king, (prince *or*) princess.
Kö′nigsschloß, *n.* (*pl.* ¨er), royal castle.
Kö′nigssohn, *m.* (*pl.* ¨e), son of a king.
kön′nen (*pres. indic.* kann, kannst, kann; können, etc.),
    konnte, gekonnt, can, to be able; to be allowed; (=
    mögen) may.
konn′te, see können.
Kopf, *m.* (*pl.* ¨e), head.
Korn, *n.* (*pl.* ¨er), (seed-) corn, (seed-) grain; rye.
Körn′chen, *n.* (*pl.* -), little grain, granule; little bit.
Kör′per, *m.* (*pl.* -), body.
ko′sten, to cost;
    es kostet ihm den Hals, it costs his life.
Kraft, *f.* (*pl.* ¨e), strength, power, force;

aus aller Kraft, to the best of one's ability, with might and main.

krä′hen, to crow.

Kranz, *m.* (*pl.* ⸚e), wreath, garland.

kraus, curly.

Kreis, *m.* (*pl.* -e), circle;
im Kreise, in a circle;
rings im Kreise, all around.

Kreuz, *n.* (*pl.* -e), cross;
das Zeichen des Kreuzes machen, to cross (*or* to bless) one's self.

Krieg, *m.* (*pl.* -e), war.

Kriegs′lärm, *m.*, tumult of war.

kroch . . . heran′, see herankriechen.

Kro′ne, *f.* (*pl.* -n), crown, diadem.

Krug, *m.* (*pl.* ⸚e), pitcher, jug.

krumm, bent, crooked.

Krüp′pel, *m.* (*pl.* -), cripple;
bis ich ein Krüppel bin, until I am crippled (*or* maimed).

kühl, cool.

küh′len, to cool, to refresh.

kühn, bold(ly), daring(ly).

Kun′de, *f.*, news, intelligence.

Kun′kel, *f.* (*pl.* -n), *obsol.* for der Spinnrocken, the staff to which a bundle of flax is tied; distaff.

Kür′bis, *m.* (*pl.* -e), pumpkin.

kurz, short(ly), curt(ly), brief(ly), abrupt(ly).

küs′sen, to kiss.

L

Lab′sal, *n.* (*pl.* -e), comfort.

lä′cheln, to smile;
das Lächeln, smiling, smile.

lä′chelte . . . zu, see zulächeln.

la′chen, to laugh (at, über), to smile.

lach′te . . . auf, see auflachen.

lag, la′gen, see liegen.

lag . . . da, see daliegen.

La′ger, *n.* (*pl.* -), couch, bed, sick-bed; (*mil.*) camp, encampment.

la′gern, to be encamped.

lamm′fromm, as gentle as a lamb, lamb-like; exceedingly tame *or* mild.

Land, *n.* (*pl.* ⸚er), land, country.

lan′g(e) (*adv.*), long; through; (for) a long time.

län′ger, longer.

lang′sam, slow(ly), gradual(ly); by degrees.

Lan′ze, *f.* (*pl.* -n), lance, spear.

Lärm, *m.*, noise.

las′sen (ließ, gelassen), to let, to make, to have, to allow, to cause; to leave;
sich wieder sehen lassen (to let one's self be seen again, to appear once more), to be seen again;
von Einem lassen, to abandon some one.

Last, *f.* (*pl.* -en), load, burden, charge;
zur Last sein, to be burdensome, to be a dead weight (upon some one, *dat.*).

lau′fen (lief, gelaufen), to run, to move, to be in motion; to run at full speed;
weit laufen, to make a long way.

lau′schen, to listen, to lend an ear.

laut, loud, aloud, in a loud voice *or* tone (of voice); noisy;
die Hunde wurden laut, the dogs gave tongue.

läu′ten, to ring, to peal, to toll.

lau′ter, pure, clear, (*adv.*) clearly; (= nichts als) mere, nothing but;
vor lauter Denken, out of sheer pondering.

Le′ben, *n.*, life;
am Leben sein, to be alive.

le′ben, to live, to be alive; to reside.

leben′dig, alive, living;

wieder lebendig machen, to restore to life.
le′bensgefährlich, perilous, mortal.
Le′bensmittel, *pl.*, victuals, provisions.
Le′bensretter, *m.* (*pl.* -), life-saver.
le′cken, to lick.
le′gen, to lay, to put, to place;
sich legen, to be put (*or* placed); to lie, to rest.
Lehm, *m.*, loam, clay.
leh′nen, to lean (against, an);
sich lehnen, to lean.
leh′ren, to teach.
Lei′che, *f.* (*pl.* -n), corpse.
leicht, light (of weight); easy (-ily), quick, brisk(ly).
Leid, *n.*, woe, affliction.
leid (*adj., adv.*), sorry, grieved, weary, sick;
das Leben ist mir leid, I am tired (have become tired) of life.
lei′den (litt, gelitten), to suffer; to bear, to abide, to like;
wohl gelitten sein, to be in favor (with, von), to be in some one's good books.
lei′se (*adv.*), lowly, softly, gently; slightly, imperceptibly.
lenk′te ... dahin′, see dahinlenken.
letz′te (der), last.
leuch′ten, to shine, to beam, to gleam.
Leu′te, *pl.*, people; men.
Licht, *n.* (*pl.* -er), light; lamp.
lieb, dear, beloved;
lieb haben, (to love), to like.
Lie′be, *f.*, love (for, zu);
zu liebe *or* zuliebe (= zu Liebe), for love of; to please (some one, *dat.*).
lie′be (der), dear, beloved.
lie′ben, to love;
der Liebende, lover;
geliebt, beloved, dear;

  der Geliebte, beloved one, lover.
Lie′bende, *m., f. (pl.* -n), lover.
lie′ber (see lieb), rather, sooner, better;
  er wollte lieber, he preferred.
lieb′lich, delightful, charming, pleasing.
Lied, *n. (pl.* -er), song, lay; ballad.
lief, see laufen.
lie′gen (lag, gelegen), to lie, to rest; to be placed.
ließ, see lassen.
ließ . . . nach, see nachlassen.
Lip′pe, *f. (pl.* -n), lip.
Lo′cke, *f. (pl.* -n), lock (of hair), curl.
Lo′ckenhaupt, *n. (pl.* -̈er), curly head.
Lo′ckenkopf, *m. (pl.* -̈e), curly head.
lo′ckern, to loosen, to make loose.
Lohn, *m. (pl.* -̈e), reward;
  zum Lohn, as a reward.
los′brechen (brach, gebrochen), to break *or* to burst forth *or* out.
lö′schen, to extinguish.
lö′sen, to loosen, to untie.
los′lösen, to loosen, to detach, to separate.
los′machen, to loosen, to unfasten.
Lö′wenmähne, *f. (pl.* -n), lion's mane.
lud . . . ein, see einladen.
Luft, *f. (pl.* -̈e), air.
Lü′ge, *f. (pl.* -n), lie, invention.
Lun′go (*Roumanian*), long.
lu′stig, merry (-ily), cheerful(ly).

M

ma′chen, to make, to render, to create, to shape; to do; to act.
mäch′tig, mighty, large, huge.

Mäd′chen, *n.* (*pl.* -), girl, maid; maid-servant.
Mägd′lein, *n.* (*pl.* -), young girl *or* lass.
ma′ger, meagre; thin, ill-conditioned.
Mahl′zeit, *f.* (*pl.* -en), meal, repast.
Maid, *f.* (*pl.* -e), maid, maiden.
Mais, *m.*, maize, Indian corn.
Mais′korn, *n.* (*pl.* ⸚er), seed of a corn-cob.
Mal, *n.* (*pl.* -e), time;
  mit e i n e m Mal, all at once, suddenly;
  zum zweiten Male, for a second time.
Mamali′ga, *f.*, cornmeal-mush.
man, one, they, people; *or by passive.*
man′cher, man′che, man′ches, many a one, many a thing.
manch′mal, sometimes, at times.
Mann, *m.* (*pl.* ⸚er), man; husband;
  (*pl.* Mannen, warriors, vassals).
Man′nen, *pl.*, see Mann.
Man′tel, *m.* (*pl.* ⸚), mantle, cloak.
Mas′se, *f.* (*pl.* -n), mass, bulk, quantity, multitude;
  in Massen, in great numbers.
Maß, *n.* (*pl.* -e), measure, quantity.
mä′ßig, moderate(ly; in moderation).
matt, exhausted, feeble.
Mau′er, *f.* (*pl.* -n), wall.
Maul′wurf, *m.* (*pl.* ⸚e), mole.
mehr, more, longer.
meh′rere, several.
mein, mei′ne, mein, my.
mei′nen, to mean, to think; to remark.
meist, most;
  die meisten, most, the most part.
Mensch, *m.* (*pl.* -en), man, person, human being;
  (*pl.*) people;
  alle Menschen, every one.

Men′schengedenken, *n.*, memory of man;
  seit Menschengedenken, since time immemorial, in (within) the memory of man.
Men′schenkind, *n. (pl.* -er), human being.
mer′ken, to perceive, to notice, to be aware.
merk′würdig, strange, remarkable.
Mes′ser, *n. (pl.* -), knife; hunting-knife *or* hanger.
mich (*pers. pron.*), me.
min′der (= weniger), less.
Minu′te, *f. (pl.* -n), minute.
mir (*person. pron.*), (to, for) me.
Mir′ea (*Roumanian*), proper name.
mi′schen, to mix;
  sich mischen, to mix (*intrans.*) = to be mixed.
Miß′trauen, *n.*, distrust, suspicion.
mit (*dat.*), with.
mit′brächten, see mitbringen.
mit′bringen (brachte, gebracht), to bring along (with one).
mit′geben (gab, gegeben), to give as a portion.
mit′kommen (kam, gekommen), to come along (with one).
Mit′leid, *n.*, compassion (for, für), pity (on, für).
mit′nehmen (nahm, genommen), to take along.
Mit′tagsmahl, *n. (pl.* -e), midday-meal, dinner.
möch′te, möch′ten (see mögen), might, should like.
mö′gen (*pres. indic.* mag, magst, mag; mögen, etc.), mochte, gemocht, can, may;
  sich mögen (*colloq.*), to like one another;
  möge er (may he), let him.
mög′lich, possible;
  möglichst viele, as many as possible.
Mol′dau, *f.* (*proper name*) Moldavia.
Mond, *m. (pl.* -e), moon.
Mond′licht, *n.*, moon-light.
Mond′schein, *m.*, moon-light.

Moos, *n.* (*pl.* -e), moss.

mör′derisch, murderous, bloody.

mor′gen, to-morrow.

Mor′gen, *m.* (*pl.* -), morning.

Mor′genluft, *f.* (*pl.* ⸚e), morning-air, morning-breeze.

Mosch (*Roumanian*), old, old man.

mü′de, tired, fatigued, weary.

Müh′e, *f.* (*pl.* -n), trouble;
 alle Mühe, a great amount of trouble, considerable pains.

müh′sam, troublesome, hard.

müh′selig, laborious, toilsome.

Mund, *m.*, mouth;
 wie aus einem Munde (= einstimmig), with one accord, as one man.

mun′den, to be acceptable *or* palatable;
 die Mahlzeit mundet mir, I relish the meal.

Mün′dung, *f.* (*pl.* -en), mouth (of a river).

Mün′ze, *f.* (*pl.* -n), coin, medal; amulet.

mur′meln, to murmur, to whisper.

Muse′um, *n.* (*pl.* Museen), (national) museum.

müs′sen (*pres. indic.* muß, mußt, muß; müssen etc.), mußte, gemußt, must, to have to, to be forced *or* compelled to.

muß; muß′te; muß′ten, see müssen.

Mut, *m.*, courage.

Mut′ter, *f.* (*pl.* ⸚), mother;
 die Mutter Gottes, mother of our Lord, Holy Virgin.

Muttergot′tesbild, *n.* (*pl.* -er), image of the Holy Virgin.

Mü′tze, *f.* (*pl.* -n), cap, bonnet.

N

nach (*dat.*), after; to, towards; according to.

Nach′barhaus, *n.* (*pl.* ⸚er), adjoining (next door) house.

nachdem′, (*conj.*), after.

nach′denken (dachte, gedacht), to reflect, to ponder, to muse (on *or* upon, über).

nach′geben (gab, gegeben), to relax, to slacken.

nachher′, after(wards), later.

nach′lassen (ließ, gelassen), to slacken, to relax; to yield the hand.

Nach′richt, *f.* (*pl.* -en), news, intelligence, information.

nach′schicken, to send (*or* to call) after (one, *dat.*).

nach′sehen (sah, gesehen), to look after, to follow with one's eyes.

näch′ste (der), next, following; nearest.

nach′stürzen, to rush after (some one, *dat.*); to fall *or* to follow afterwards.

Nacht, *f.* (*pl.* -̈e), night;
bei Nacht (= nachts), at night, in the night(-time).

nackt, naked, bare, leafless.

na′geln, to nail (to *or* on, an), to fasten with nails.

na′h(e), close *or* near (to, bei); next *or* hard (by, bei);
ganz nahe (bei), very near.

na′he (der), neighboring, nearby.

Näh′e, *f.*, nearness, presence; neighborhood, vicinity;
in der Nähe betrachten, to look closely at, to examine closely.

näh′ern, sich, to approach (someone, *dat.*).

nahm, see nehmen.

nahm . . . ab, see abnehmen.

nahm . . . mit, see mitnehmen.

Na′me(n), *m.* (*pl.* Namen), name.

näm′liche, (der), the same, the very.

Na′se, *f.* (*pl.* -n), nose.

naß, wet;
so naß, wet through, wring-wet.

Natur′, *f.* (*pl.* -en), nature, character, disposition.

natür′lich, naturally, of course.

Ne′bel, *m.* (*pl.* -), fog, mist.

ne′ben (*dat.-accus.*), by, by the side of, beside, alongside, near; next to, adjoining.

ne′cken, to tease (about, mit).

Neck′wort, *n.*, (*pl.* -e), teasing remark, raillery.

neh′men (nahm, genommen), to take, to accept; to marry; bei Seite (beiseite) nehmen, to take aside.

nei′gen, to bend, to bow.

nein, no.

nen′nen (nannte, genannt), to name, to call.

neu, new;
von neuem, anew.

Neu′gier, *f.*, curiosity.

neu′lich, a short time ago, the other day.

nicht, not.

nichts, nothing, not anything;
nichts als, nothing but.

nie, never;
noch nie, never before.

nie′derknieen, to kneel down.

nie′derlassen (ließ, gelassen) sich, to let down; to alight, to settle.

nie′derlegen, to lay down.

nie′derschütten, to pour down.

nie′derströmen, to pour down (upon, auf).

nie′derwerfen (warf, geworfen), to throw down, to prostrate.

nie′derziehen (zog, gezogen), to draw *or* to pull down.

nie′mals, never (and never).

nie′mand, no one, nobody, not anybody.

ni′sten, to nest, to build a nest.

noch, still, yet, as yet;
noch nie, never before;
immer noch, still;
noch immer, still.

Nor′den, *m.*, North;

von Norden her, from the North.
Not, *f.*, (*pl.* ⸚e), need, distress, calamity.
nun, now, henceforth;

(*explet.*) well! why!

nur, only, solely, simply; nothing but; just.

O

o! oh!

ob, if, whether.

o´ben, up, high up, on height;
 dort oben, up there.

Och´se, *m.* (*pl.* -n), ox.

o´der, or.

O´fen, *m.* (*pl.* -̈), stove.

of´fen (*attrib.* offner, offne, offnes), open;
 mit offnem Munde, open-mouthed.

offenbar´ (*or* of´fenbar), evident(ly), apparent(ly).

öff´nen, to open, to force open.

oft, often, frequently.

oft´mals, often, frequently.

oh´ne, (*accus.*), without;
 ohne zu wissen, without knowing.

ohn´mächtig, fainting, unconscious;
 ohnmächtig werden, to faint.

Ohr, *n.* (*pl.* -en), ear;
 taube Ohren machen, to turn a deaf ear.

Opf´er, *n.* (*pl.* -), offering, sacrifice;
 ein Opfer bringen, to make a sacrifice.

opf´erfreudig, self-sacrificing.

orienta´lisch, Oriental.

Ost´wind, *m.* (*pl.* -e), East-wind.

P

Paar, *n.* (*pl.* -e), pair, couple.

Pein, *f.*, pain, torment, agony.

Pelz'mütze, *f.* (*pl.* -n), fur-cap, fur-bonnet.
per'len, to rise (*or* to shine) like pearls.
Per'lenkette, *f.* (*pl.* -n), chain of pearls.
Per'lenreihe, *f.* (*pl.* -n), set of pearls.
Per'lenschnur, *f.* (*pl.* -̈e), string of pearls.
Person', *f.* (*pl.* -en), person;
  in eigner Person, in person.
Pest'hauch, *m.*, pestilential miasma.
Petro'leum, *n.*, petroleum, mineral oil, naphtha.
Pfad, *m.* (*pl.* -e), (mountain-) path, trail.
Pfei'fe, *f.* (*pl.* -n), pipe.
Pfeil, *m.* (*pl.* -e), arrow.
Pferd, *n.* (*pl.* -e), horse.
Pferd'chen, *n.* (*pl.* -), small horse, (poor) little horse, naggy.
pfle'gen, to tend, to nurse.
pflü'cken, to pick.
pflü'gen, to plough;
  zum Pflügen, for ploughing.
Pia'tra Ar'sa (*Roumanian*), "Burnt Rock."
Platz, *m.* (*pl.* -̈e), place; room, space; swing, play.
Plauderei', *f.* (*pl.* -en), chat, chattering, gossip, gossipping.
plötz'lich, suddenly, all at once.
plün'dern, to plunder, to rob, to strip.
Po'le, *m.* (*pl.* -n), Pole, Polander, inhabitant of Poland.
Porfi'rie (*Roumanian*), proper name "Porphyrius."
Portal', *n.* (*pl.* -e), portal, entrance.
präch'tig, costly.
pran'gen, to shine, to make a splendid show.
Preis, *m.* (*pl.* -e), price;
  um jeden Preis, at any price *or* rate, at any sacrifice.
Praho'va, *f.* (*proper name*), a tributary of the Lower Danube.
Praho'vathal, *n.* (*pl.* -̈er), valley of the Prahova (river).
prophezei'en, to prophesy, to predict, to foretell.

Pu′delmütze, *f.* (*pl.* -n) = Pelzmütze, fur-cap, fur-bonnet.
Pu′i de Imparat′ (*Roumanian*), "Emperor's Chick."
Pur′purmantel, *m.* (*pl.* -̈), purple-mantle.

Q

Qual, *f.* (*pl.* -en), agony, affliction.
Quel′le, *f.* (*pl.* -n), source, well.

R

Ra′be, *m.* (*pl.* -n), raven.
Ra′chedurst, *m.*, thirst for (desire of) revenge, revengefulness; vindictiveness.
Rad, *n.* (*pl.* -̈er), wheel; spinning-wheel.
ra′gen, to rise, to tower (up).
ra′gen . . . empor′, see emporragen.
ragt (ragten) **. . . empor′,** see emporragen.
rasch, quick(ly), swift(ly), prompt(ly), without delay, off-hand.
ra′sen, to rave, to rage;
rasend, furious, frantic.
Rat, *m.* (*pl.* -̈e), counsel, consultation, deliberation;
(mit sich) zu Rate gehen, to consider the advisability.
rau′ben, to rob, to take away.
rau′chen, to smoke.
rau′fen, sich, to fight, to scuffle.
rauh, rough(ly), harsh(ly), severe(ly).
Raum, *m.* (*pl.* -̈e), room; space, compass.
räu′men, to remove;
aus dem Wege räumen, to make away with.
rau′schen, to rush.
Recht, *n.* (*pl.* -e), right, claim.
Re′de, *f.* (*pl.* -n), speech, talk, words;
es ist die Rede von etwas, the topic of the day is (about) . . .;
bei dieser Rede, at these words.

re′den, to speak *or* to talk (to, mit).

re′ge, stirred up, lively;
rege machen, to awaken, to arouse.

Re′gen, *m.*, rain.

re′gen, sich, to be *or* to become stirring *or* alive, to show one's self, to appear.

reg′nen, to rain.

Reh, *n. (pl.* -e), roe, doe.

reich, rich.

rei′chen, to reach, to hand, to offer, to present, to give.

Rei′he, *f. (pl.* -n), row, line, series.

rein, pure.

rei′ßen (riß, gerissen), to tear;
in Stücke reißen, to tear to pieces.

rei′ten (ritt, geritten), to ride (to go) on horseback.

rei′ten . . . ein, see einreiten.

Rei′ter, *m. (pl.* -), rider, horseman.

rei′zen, to stimulate, to incite, to provoke, to charm.

ret′ten, to save.

rich′ten, to arrange; to serve *or* to dish up; to make ready.

rich′tete . . . auf, see aufrichten.

rief, see rufen.

rief . . . entge′gen, see entgegenrufen.

rief . . . herbei′, see herbeirufen.

rie′fen . . . zu, see zurufen.

rie′seln, to drizzle.

Rie′senzahn, *m. (pl.* ⸚e), gigantic tooth (dent) *or* tine *or* prong.

Rin′de, *f. (pl.* -n), bark.

Ring, *m. (pl.* -e), ring.

rin′gen (rang, gerungen), to wring (one's hands).

Ring′lein, *n. (pl.* -), (plain) little ring, ringlet.

rings, around, in a circle;
rings im Kreise, all around.

ringsum' (= ringsherum), round about.
Rin'ne, *f.* (*pl.* -n), channel, furrow.
Ritt, *m.* (*pl.* -e), ride, riding.
ritt; rit'ten, see reiten.
ritt ... empor', see emporreiten.
Rîul (*Roumanian*), "the" brook.
roll'te ... herab', see herabrollen.
rot, red;
   das Rot, red color, blush; blood.
ru'fen (rief, gerufen), to shout, to cry, to call, to say.
rufst ... herab', see herabrufen.
ru'hen, to rest, to be placed.
rüh'ren, to move;
   sich rühren, to move (freely).
Rui'ne, *f.* (*pl.* -n), ruin(s).
Rumä'ne, *m.* (*pl.* -n), Roumanian, inhabitant of Roumania.
Rumä'nenland, *n.*, land (country) of the Roumanians, Roumania.
rumä'nisch, Roumanian, of the Roumanians.
run'zelig, wrinkled, puckered.
run'zeln, to wrinkle, to knit (the brows).

S

Saal, *m.* (*pl.* Säle), hall, drawing-room, saloon.
Sä'belhieb, *m.* (*pl.* -e), sword-cut.
Sa'che, *f.* (*pl.* -n), thing, pretty little thing.
Sä'chelchen, *n.* (*pl.* -), little thing;
   (*pl.*) gimcracks.
Sack, *m.* (*pl.* ⸚e), sack; bag.
sä'en, to sow;
   zum Säen, for sowing.
sa'gen, to say.
sah, see sehen.
sah ... hinaus', see hinaussehen.

sah . . . nach, see nachsehen.
sah . . . um, see umsehen.
sah . . . zu, see zusehen.
sä′he (*past subj.*) of sehen.
sa′hen . . . aus, see aussehen.
Samen, *m.*, seed (-corn *or* -grain).
sam′meln, to collect, to gather, to pick up;
  sich sammeln, to assemble, to rally.
Samt, *m.*, velvet.
samt (*dat.*), together with.
Samt′kleid, *n.* (*pl.* -er), velvet-dress.
sämt′liche, all, each and every (one), in a body.
Samt′mantel, *m.* (*pl.* ¨-), velvet-cloak.
Sanda′le, *f.* (*pl.* -n), sandal.
sanft, soft; gentle, sweet.
Sanft′mut, *f.*, gentleness, meekness.
sank . . . hin, see hinsinken.
Sarg, *m.* (*pl.* ¨-e), coffin.
saß, see sitzen.
Sat′tel, *m.* (*pl.* ¨-), saddle;
  auf den (dem) Sattel, in the saddle.
sät′tigen, to satisfy;
  sich sättigen, to satisfy one's appetite.
Scha′de(n), *m.* (*pl.* Schäden), wrong, loss;
  wie schade! it is a pity! what a pity!
Schä′del, *m.* (*pl.* -), skull.
Schaf, *n.* (*pl.* -e), sheep.
Schä′fer, *m.* (*pl.* -), shepherd.
schaf′fen, to do;
  (*colloq.*) to work;
  etwas mit Einem zu schaffen haben, to have something to do with one, to have dealings with one.
Scha′le, *f.* (*pl.* -n), shell.
schal′len (scholl, geschollen), to sound, to resound; to be heard.

Scham, *f.*, shame, disgrace.

Schan′de, *f.*, shame, disgrace.

Schar, *f.* (*pl.* -en), score, crowd; troop, host.

scharf, sharp, acute; harsh, cutting, pungent, severe, piquante.

Schat′ten, *m.* (*pl.* -), shade, shadow;
in den Schatten stellen, to place in the shade.

Schatz, *m.* (*pl.* ⸚e), treasure; love, lover, darling.

schäu′men, to foam;
schäumend, foamy, frothy.

schau′mig, foamy, frothy.

schau′rig, dreadful, dismal.

Schein, *m.*, shine, light, brightness.

schei′nen (schien, geschienen), to seem, to appear.

Schei′tel, *m.* (*pl.* -), top (crown of the) head.

schel′ten (schalt, gescholten), to scold, to reproach.

schen′ken, to give, to present.

scher′zen, to joke;
scherzend, joking(ly).

scherz′weise, by way of jest, in jest.

scheu, shy(ly), timid(ly), faint-hearted(ly).

scheu′chen, to scare, to frighten; to dispel, to drive away.

schich′ten, to stow, to pile up, to put into rows *or* layers.

schi′cken, to send.

schien, see scheinen.

schie′ßen (schoß, geschossen), to shoot; to rush, to flush.

schil′dern, to picture.

schim′mern, to glisten, to glitter, to shine.

Schlacht, *f.* (*pl.* -en), battle; fighting.

Schlacht′feld, *n.* (*pl.* -er), battle-field.

Schlaf, *m.*, sleep.

schla′gen (schlug, geschlagen), to beat, to strike;
eine Schlacht schlagen, to fight a battle;
das Herz schlug ihm, his heart was throbbing *or*

palpitating.

schlang, see schlingen.

schlank, slender, slack and slim.

schlau, sly, cunning.

schlecht, bad(ly), poor(ly), inferior.

schlei′chen (schlich, geschlichen), to sneak, to skulk, to prowl, to creep.

Schlei′er, *m.* (*pl.* -), veil, bridal veil.

schlei′fen, to drag along.

schleu′dern, to throw, to hurl, to dash.

schlich, see schleichen.

schlich (schlichen) . . . **umher′**, see umherschleichen.

schlief . . . **ein**, see einschlafen.

schlimm, bad, ill; harmful, pernicious, fatal.

Schlin′ge, *f.* (*pl.* -n), loop, noose.

schlin′gen (schlang, geschlungen), to wind, to twine, to twist;
  sich schlingen, to be wound *or* twined *or* twisted.

Schloß, *n.* (*pl.* ¨-er), castle.

schlug, see schlagen.

schlug . . . **ein**, see einschlagen.

schlug . . . **zu**, see zuschlagen.

schlu′gen . . . **ab**, see abschlagen.

Schlum′mer, *m.*, slumber, sleep.

Schlum′merlied, *n.* (*pl.* -er), lullaby, hushaby.

Schmerz, *m.* (*pl.* -en), pain, grief.

schmü′cken, to adorn, to attire, to trim.

Schnee, *m.*, snow.

Schnee′fläche, *f.* (*pl.* -n), snow-field.

Schnee′flocke, *f.* (*pl.* -n), flake (of snow).

schnee′gekrönt, snow-capped.

schnee′weiß, snow-white.

schnei′den (schnitt, geschnitten), to cut, to carve, to chisel.

schnell, quick, fast; soon.

schnü´ren, to pack *or* to truss up.

schnur´ren, to hum, to buzz;
   das Schnurren, humming, buzzing.

schob . . . zurück´, see zurückschieben.

scholl, see schallen.

schon, already, instantly;
   (*explet.*) without that, in itself.

schön, beautiful(ly), fair(ly); fine(ly), handsome(ly).

scho´nen, to be regardful of, to take care of.

schoß, see schießen.

schoß . . . tot, see totschießen.

Schreck, *m.* (*pl.* -en), terror, fright.

Schreck´bild, *n.* (*pl.* -er), frightful image, terrific vision.

Schre´cken, *m.* (*pl.* -), horror, terror.

schre´cken, to frighten, to terrify.

schreck´lich, terrible.

Schrei, *m.* (*pl.* -e), cry, outcry.

schrei´ben (schrieb, geschrieben), to write; to scratch.

schrei´en (schrie, geschrieen), to cry.

schrie´ben . . . zu, see zuschreiben.

Schritt, *m.* (*pl.* -e), step, pace, stride, stalk;
   im Schritt reiten, to pace, to amble.

schritt . . . zu, see zuschreiten.

schüch´tern, shy(ly), timid(ly), diffident(ly).

schul´dig, guilty;
   der Schuldige, culprit.

Schul´ter, *f.* (*pl.* -n), shoulder.

schür´zen, to tuck (to pin *or* to truss) up.

Schutt, *m.*, dust, dirt, ruins.

schüt´teln, to shake;
   von Frost geschüttelt, shivering with cold.

schüt´tete . . . nie´der, see niederschütten.

schü´tzen, to guard (against, vor); to protect.

schwach, weak, feeble.

Schwä'che, *f.*, weakness, fatigue.

schwan'ken, to stagger.

Schwarm, *m.* (*pl.* -̈e), swarm; host.

schwarz, black, dark.

schwe'ben, to float (in the air), to hover; to glide along.

Schweif, *m.* (*pl.* -e), tail.

schwei'gen (schwieg, geschwiegen), to be silent;
zum Schweigen bringen, to silence.

schweig'sam, silent, without a word.

Schweiß'tropfen, *m.* (*pl.* -), bead of perspiration.

schwel'len (schwoll, geschwollen), to swell, to rise.

schwen'ken, to wave;
das Schwenken, waving.

schwer, heavy, onerous; difficult, hard.

Schwe'ster, *f.* (*pl.* -n), sister.

Schwie'rigkeit, *f.* (*pl.* -en), difficulty, hardship.

schwin'deln, to be (*or* to feel) dizzy;
schwindelnd steil, so steep as to cause giddiness.

schwind'lig, dizzy, giddy; making giddy;
ein schwindliger Pfad, a path that causes giddiness;
es wird mir schwindlig, I feel dizzy.

schwin'gen (schwang, geschwungen), to bend, to curve, to inflect, to arch.

schwir'ren, to whir, to flit;
durch einander schwirren, to cross each other.

schwö'ren (schwor [schwur], geschworen), to swear, to take an oath, to vow.

See, *m.* (*pl.* -en), lake.

Se'gen, *m.*, blessing.

seg'nen, to bless.

se'hen (sah, gesehen), to see, to behold;
sieh(e)! behold!

seh'nen, sich, to long (for, nach).

sehr, very, very much, extremely;

sehr zur Last, very burdensome, a great burden.

sei; seist; sei′en (*pres. subj.*) *of auxil. v.* sein.

Sei′de, *f.*, silk.

Sei′dengespinst, *n.*, silk spun, silk web.

sei′dig, silky, as soft as silk.

1. **sein, sei′ne, sein** (*posses. pron.*), his (its);
die Seinen, his people; his folks.

2. **sein**, *auxil. v.* (war, gewesen), to be.

sei′ne, (der) = seinige, his (friend *or* comrade);
die Seinen, his people *or* folks.

sei′nige, (der) = seine, his.

seit (*dat.*), since, within, in.

seitdem′ (*adv.*), since that time, since then, ever since; (*conj.*) since.

Sei′te, *f.* (*pl.* -n), side, slope (of a mountain); direction;
an der Seite, by the side.

seit′wärts, sideways, sidelong, aside.

sel′ber = selbst.

selbst (my-, your-, him-, her)self; (our-, your-, them)selves.

sen′den (sandte, gesandt), to send; to give.

sen′ken, to sink, to lower, to hang;
sich senken, to let one's self down, to sink.

Ses′sel, *m.* (*pl.* -), arm-chair.

se′tzen, to put, to place;
sich setzen, to seat one's self, to be seated;
gefangen setzen, to imprison, to detain in custody.

Seu′che, *f.* (*pl.* -n), epidemic disease, epidemy.

seuf′zen, to sob, to sigh, to groan;
seufzend, with a sigh.

sich (*reflex. pron.*), him-, herself, your-, themselves;
(*reciproc. pron.*) each other, one another.

si′cher, certain(ly), sure(ly), positive(ly), confident(ly);
safe(ly), secure(ly).

sie (*person. pron.*), she, they; her, them.

sie′he! see sehen.

Sil'berfaden, *m.* (*pl.* -̈), silver-thread;
Silberfäden im Haar, gray hair.

sil'bern, of silver, silver;
eine silberne Stimme, silvery voice.

Sil'berzeug, *n.*, silver ware, plate.

sin'gen (sang, gesungen), to sing, to chant.

sin'nen (sann, gesonnen), to reflect, to plot.

Sit'te, *f.* (*pl.* -n), custom;
es ist Sitte, it is the custom.

si'tzen (saß, gesessen), to sit, to be seated.

si'tzest . . . da, see dasitzen.

Smaragd', *m.* (*pl.* -en), emerald.

so, so, such;
so? is that so?
so ein . . ., such a . . .

sobald', as soon as.

soe'ben, just now.

sog . . . auf, see aufsaugen.

sog . . . ein, see einsaugen.

sogar', even (*adv.*).

sogleich', at once, immediately.

Sohn, *m.* (*pl.* -̈e), son, boy.

sol'cher, sol'che, sol'ches (ein . . .), such, (so large) as large as that.

Solda'tenmantel, *m.* (*pl.* -̈), soldier's (military) mantle *or* cloak.

sol'len, shall.

Som'mer, *m.* (*pl.* -), summer.

Som'merglut, *f.* (*pl.* -en), glow of summer;
heiße Sommerglut, fervid heat of summer.

son'dern, but.

Son'ne, *f.*, sun.

Son'nenschein, *m.*, sun-shine.

Son'nenstrahl, *m.* (*pl.* -en), sun-beam.

Sonn′tag, *m.* (*pl.* -e), Sunday.
sonn′verbrannt, sun-burnt.
sonst, else, otherwise; formerly, at other times.
Sor′ge, *f.* (*pl.* -n), sorrow, care; apprehension, misgiving.
sorg′sam, careful(ly), solicitous(ly).
soviel′, so much.
sowie′ (*manner*) as well as;
  (*time*) as soon as.
spann, see spinnen.
spär′lich, slender, arid, poorly watered.
spar′sam, sparing, economical;
  sparsamer, less productive.
spät; spä′ter, late; later.
Speer, *m.* (*pl.* -e), spear.
spei′sen, to feed.
Spei′sesaal, *m.* (*pl.* -säle), dining-hall.
Spekta′kel, *m.*, noise, hubbub.
spen′den, to spend, to give.
sper′ren, to shut up *or* in, to lock up.
Spie′gel, *m.* (*pl.* -), glass, mirror.
Spiel′zeug, *n.* (*collect.*), play-things, knickknacks.
spie′ßen, to pierce (with a spear).
Spin′del, *f.* (*pl.* -n), a piece of wood for twisting and
  winding the fibres drawn from the distaff; spindle.
Spin′ne, *f.* (*pl.* -n), spider.
spin′nen (spann, gesponnen), to spin;
  das Spinnen, spinning.
spitz, pointed.
Sporn, *m.* (*pl.* Spornen *or* Sporen), spur;
  dem Pferde die Sporen geben, to set spurs to one's horse.
spöt′tisch, scoffing(ly), scornful(ly).
sprach, see sprechen.
spra′chen . . . zu, see zusprechen.
sprang . . . auf, see aufspringen.

spre´chen (sprach, gesprochen), to speak, to talk (to some one, mit, zu).
sprin´gen (sprang, gesprungen), to spring, to jump, to leap.
Spruch, *m.* (*pl.* -̈e), saying; decree.
sprü´hen, to emit, to shoot forth.
Spur, *f.* (*pl.* -en), track, mark, footprints.
spü´ren, to perceive, to feel.
Stadt, *f.* (*pl.* -̈e), city, town.
Stamm, *m.* (*pl.* -̈e), trunk.
stand, see stehen.
stand . . . auf, see aufstehen.
stan´den . . . gegenü´ber, see gegenüberstehen.
stark, strong, vigorous, robust.
star´ren, to stare, to fix one's eyes.
star´ren . . . an, see anstarren.
starr´ten . . . hinein´, see hineinstarren.
statt (*genit.*), instead of.
Stät´te, *f.* (*pl.* -n), place; scene.
statt´lich, stately, splendid, noble.
Staub, *m.*, dust.
stäu´ben (*or* stauben), to fall down in spray.
stau´nen, to marvel, to wonder;
  voll staunender Freude, full of amazement and pleasure;
  in staunender Bewunderung, full of amazement and admiration.
ste´cken, to put, to place, to set;
  in Brand stecken, to set on fire.
ste´hen (stand, gestanden), to stand, to be standing;
  stehen bleiben, to remain standing; to stand still, to stop.
steif, stiff, rigid, benumbed.
stei´gen (stieg, gestiegen), to step;
  zu Thal steigen, to descend.
steil, steep, abrupt, precipitous;
  schwindelnd steil, so steep as to cause giddiness.

Stein, *m.* (*pl.* -e), stone, rock.
stei′nern, of stone, stone.
Stein′stufe, *f.* (*pl.* -n), stone-step, marble-step.
Stel′le, *f.* (*pl.* -n), place, spot.
stel′len, to put, to place;
 in den Schatten stellen, to throw into the shade.
ster′ben (starb, gestorben), to die (of *or* from something, vor);
 der Sterbende, dying man.
Stern, *m.* (*pl.* -e), star, spark.
stern′los, starless, without stars *or* starlight.
sti′cken, to embroider.
stieg, see steigen.
stieg . . . empor′, see emporsteigen.
stieß, see stoßen.
stieß . . . aus, see ausstoßen.
still, still, quiet(ly);
 still sein, to pause, to have finished.
stil′len, to quench (thirst), to satisfy.
Stim′me, *f.* (*pl.* -n), voice.
stim′men, to move, to dispose;
 günstig stimmen, to move (to dispose) in some one's favor.
Stirn(e), *f.* (*pl.* -n), forehead, brow.
stöh′nen, to groan;
 das Stöhnen, groaning, groans.
Stolz, *m.*, pride.
stolz, proud, haughty, vain; lofty, magnificent.
sto′pfen, to stuff, to fill.
sto′ßen (stieß, gestoßen), to push, to hit, to kick, to strike;
 auf Einen stoßen, to encounter, to come across, to hit upon.
Stra′fe, *f.* (*pl.* -n), punishment, penalty.
stra′fen, to punish, to chastise, to rebuke.
strah′len, to radiate, to beam.

Stra′ße, *f.* (*pl.* -n), street, road; way, path, trail.

Stre′cke, *f.* (*pl.* -n), (stretch) tract of land; part of the way, distance;
  eine Strecke weit, (for) some distance.

strei′cheln, to stroke; to caress.

strei′chen (strich, gestrichen), to stroke, to smooth.

streif′ten ... entlang′, see entlangstreifen.

Streit, *m.* (*pl.* -e), fray, fight.

strei′ten (stritt, gestritten), to contend, to struggle; sich streiten, to quarrel, to wrangle (about, um).

strich, see streichen.

ström′ten ... herbei′, see herbeiströmen.

Stück, *n.* (*pl.* -e), piece.

Stuhl, *m.* (*pl.* ⸚e), chair.

Stun′de, *f.* (*pl.* -n), hour; meeting.

Sturm, *m.* (*pl.* ⸚e), storm; hurricane.

stür′men, to storm, to rush.

stür′misch, stormy; impetuous, uproarious.

stür′zen, to rush, to dash; to fall (down), to tumble; im Stürzen, in (while) falling down.

stürz′te ... herein′, see hereinstürzen.

stürz′te ... zusam′men, see zusammenstürzen.

stü′tzen, to prop, to support.

su′chen, to seek, to search.

Sü′den, *m.*, South.

Sün′de, *f.* (*pl.* -n), sin, wrong.

sün′digen, to sin, to commit a sin.

süß, sweet, lovely.

T

Ta′bak, *m.*, tobacco, tobacco-pouch.

Tag, *m.* (*pl.* -e), day;
  gute Tage, good time;
  eines Tages, one day (*adv.*), once;

von dem Tage an, from that day.

Takt, *m.* (*pl.* -e), time, measure;
  Takt halten, to keep time.

Tan'nas (*Roumanian*), man's name, *abbrev.* of Athanasius.

Tannas'se (*endearing form* of Tannas, *proper name*), (my) dear Tannas.

tan'zen, to dance, to spin (a waltz);
  eine Hora tanzen, to have a dance.

tap'fer, brave, gallant;
  der Tapfere, brave man, hero.

taub, *deaf*;
  taube Ohren machen, to turn a deaf ear.

Tau'be, *f.* (*pl.* -n), dove, pigeon.

Tau'benei, *n.* (*pl.* -er), pigeon's egg.

tau'melte ... zurück', see zurücktaumeln.

tau'send (*pl.* -e), (a) thousand.

Teil, *m.* (*pl.* -e), part, share;
  zu teil werden, to fall to some one's lot, to be granted *or* bestowed.

tei'len, to divide, to share.

Ten'ne, *f.* (*pl.* -n), barn-floor, plaster-floor.

Tep'pich, *m.* (*pl.* -e), carpet, rug.

teu'er, dear, beloved;
  meine Teuern! my dear friends!

Thal, *n.* (*pl.* -̈er), dale, valley;
  zu Thal, down the mountain.

that, see thun.

thö'richt, foolish, silly.

Thrä'ne, *f.* (*pl.* -n), tear.

thro'nen, to be enthroned, to reign.

thun (that, gethan), to do, to make, to perform; to act, to behave;
  es war ihm nicht um ihre Schätze zu thun, her treasures it was not what he cared for, her treasures were not involved;
  sich weh thun, to hurt one's self.

Thü´re, *f.* (*pl.* -n), door.
Thür´klinke, *f.* (*pl.* -n), door-latch.
tief, deep, profound.
Tie´fe, *f.* (*pl.* -n), deep, pit, abyss.
Tier, *n.* (*pl.* -e), animal, beast.
Tisch, *m.* (*pl.* -e), table;
   nach Tisch, after the meal.
to´ben, to rage, to rave.
tobt . . . hinab´, see hinabtoben.
Toch´ter, *f.* (*pl.* ̈-), daughter.
Tod, *m.*, death;
   in den Tod gehen, to die.
Ton, *m.* (*pl.* ̈-e), tone, note, strain.
tot, dead, deceased, late;
   der Tote, dead person, dead body, corpse.
tö´ten, to kill, to slay.
to´tenblaß, deadly pale, as pale as death.
to´tenstill, still as death, silent as the grave.
tot´schießen (schoß, geschossen), to shoot (dead), to kill.
tra´gen (trug, getragen), to carry, to bear, to wear.
trat . . . herein´, see hereintreten.
trat . . . hervor´, see hervortreten.
trat . . . hin, see hintreten.
tra´ten, see treten.

träu´men, to dream;
  es hat mir geträumt, I have dreamt (*or* thought) of (daß).
träu´merisch, dreamy, absent-minded, visionary.
trau´rig, dreary(-ily), sad(ly), dejected(ly); melancholy.
traut, dear, cosy.
treff´lich, excellent, admirable.
trei´ben (trieb, getrieben), to drive; to urge, to incite.
tren´nen, to separate;
  sich trennen, to separate (from one another);
  getrennt, separate.
tre´ten (trat, getreten), to step, to come forth;
  Thränen traten in ihre Augen, tears appeared in her eyes.
tre´tet ... hinaus´, see hinaustreten.
treu, true, faithful.
trip´peln, to trot (with short steps).
Trop´fen, *m.* (*pl.* -), (rain-)drop.
trö´sten, to console, to comfort.
tro´tzig, defiant(ly), daring(ly).
trüb, gloomy(-ily), sad(ly); melancholy.
trug, see tragen.
trü´ge, see tragen.
tru´gen ... zusam´men, see zusammentragen.
Trüm´mer, *pl.*, ruins.
Trunk, *m.*, drink, draught, potion.
trun´ken, intoxicated, elated.
Tschach´lau, *m.* (*proper name*), a mountain in the
  Carpathians.
Tuch, *n.* (*pl.* ¨er), cloth, kerchief, napkin.
Tür´ke, *m.* (*pl.* -n), Turk.
Turm, *m.* (*pl.* ¨e), tower.

U

ü´bel (*attrib.* übler, üble, übles), ill, bad;
  Einem übles (Übles) thun, to do some one ill *or* wrong, to treat some one badly.
ü´ber (*dat.-accus.*), over, above; across; beyond; on, about.
überbie´ten (überbot, überboten), to outbid, to outdo;
  sie ließ sich nicht überbieten, she could not be outdone.
überflie´gen (überflog, überflogen), to fly over; to spread.
ü´berirdisch, supernatural(ly), heavenly.
überkom´men (überkam, überkommen), to come over; to seize, to attack.
ü´bermütig, insolent(ly), wanton(ly);
  der Übermütige, insolent person.
überra´gen, to overtop, to overpeer.
überra´schen, to surprise.
überschüt´ten, to heap (to shower) upon.
überströ´men, to overflow, to cover.
überzie´hen (überzog, überzogen), to cover;
  mit Krieg überziehen, to invade, to wage war against (a country).
überzo´gen, see überziehen.
ü´brige (der), remaining, rest, other part;
  (*pl.*) the others.
U´fer, *n.* (*pl.* -), bank (of a river).
um (*accus.*), around, about; for the sake of . . . (*conj.*) um . . . zu, to, in order to.
Umarm´ung, *f.* (*pl.* -en), embrace, hug.
um´blasen (blies, geblasen), to blow down.
umfas´sen, to clasp round, to embrace.
umge´ben (umgab, umgeben), to surround, to stand by the side (of, *accus.*).
umge´hen (umging, umgangen), to go *or* to walk round (about).
umher´gehen (ging, gegangen), to walk about.
umher´gestreut, see umherstreuen.
umher´hinken, to halt *or* to limp about.

umher′schleichen (schlich, geschlichen), to move *or* to rove about.
umher′streuen, to strew *or* to scatter about.
um′kehren, to return, to turn back.
umklam′mern, to clasp (in one's arms).
Um′kreis, *m.*, circle, compass;
  zehn Meilen im Umkreise, (for) ten miles round.
ums = um das.
um′sehen (sah, gesehen), sich, to look round *or* back;
  im Umsehen, in a twinkling, in a trice.
umsonst′, in vain, vainly, to no profit; for nothing.
umwi′ckeln, to wrap up, to wind round.
umwo′gen, to stream (to flow) round, to float around.
umzin′geln, to enclose, to block up, to surround.
unaufhalt′sam (= unaufhörlich), incessant(ly), continual(ly).
un′barmherzig, unmerciful(ly), cruel(ly).
un′bedeutend, insignificant.
un′bemerkt, unobserved.
unbeschreib′lich, indescribable, inexpressible.
un′bewacht, unguarded, unprotected.
un′bewaldet, without (growth of) trees, bare.
unbezwing′bar, insuperable, indomitable.
und, and.
unend′lich, immense(ly), boundless(ly).
unermeß′lich, immeasurable; bottomless, fathomless.
unermüd′lich, indefatigable (-bly).
unerreich′bar, inaccessible, out of reach.
Un′gar, *m.* (*pl.* -n), Hungarian, Hun.
Un′gemach, *n.*, adversity, trouble.
ungezählt′, uncounted, boundless.
unglaub′lich, incredible;
  noch unglaublicheres, still more incredible stories *or* things.

Un'glück, *n.*, misfortune, adversity, calamity; unhappiness.

un'glücklich, unfortunate, miserable; ill-fated;
  Du Unglücklicher! you wretch!

Un'heil, *n.*, mischief, harm;
  Unheil anrichten, to do (to cause) mischief.

un'heimlich, dismal; deterrent.

unmög'lich, impossible.

Un'mut, *m.*, ill-humor; depression of spirits.

un'nütz, useless, idle, foolish, absurd.

uns (to, with, for), us;
  für uns beide, for both of us.

Un'schuld, *f.*, innocence; innocent girl.

un'schuldig, innocent.

un'schuldsvoll, innocent, blameless.

un'ser, un'sere, un'ser (often unsrer, unsre, unser), our.

un'ten, down, beneath;
  da unten, down there.

un'ter (*dat.-accus.*), (*place*) under, beneath;
  (*number*) among.

unterdes', in the meantime.

Un'tergang, *m.*, destruction, ruin;
  Einem den Untergang bereiten, to work some one's ruin.

un'tergehen (ging, gegangen), to go down, to set.

un'terirdisch, underground, subterranean.

Un'terlippe, *f.* (*pl.* -n), underlip.

un'verständig, imprudent, foolish.

unverwandt', immovable (-bly), fixed(ly);
  Einen unverwandt anschielen, to rivet one's eyes on some one.

un'weit (*genit.* [*dat.*]), not far from, near.

üp'pig, luxuriant(ly).

ur'alt, very old *or* ancient.

Urlatoa're, *f.* (*Roumanian*), "Roaring River."

V

Va'ter, *m.* (*pl.* -̈), father.
verach'ten, to despise.
verän'dern, to change.
veran'lassen, to cause.
verber'gen (verbarg, verborgen), to conceal, to hide; verbirg! hide!
verbin'den (verband, verbunden), to bind up, to dress.
verbrannt', see verbrennen.
verbrei'ten, sich, to spread (*intrans.*), to extend.
verbren'nen (verbrannte, verbrannt), to burn, to consume by fire.
verbün'den, sich, to ally one's self; to enter into a confederacy.
verdan'ken, to be indebted (to some one [*dat.*] for something [*accus.*]).
Verder'ben, *n.*, destruction, ruin.
verder'ben (verdarb, verdorben), to ruin, to undo; to spoil.
verdun'keln, to darken, to obscure, to cloud.
verei'nen, to unite.
verfol'gen, to pursue.
Verfol'ger, *m.* (*pl.* -), pursuer; persecutor.
verge'bens, vainly, in vain.
verges'sen (vergaß, vergessen), to forget.
vergie'ßen (vergoß, vergossen), to spill; to shed (tears).
vergif'ten, to poison.
vergos'sen, see vergießen.
verhal'ten (verhielt, verhalten), to keep back; to suppress.
verhee'ren, to devastate; to lay waste.
verhin'dern, to hinder, to prevent (from, an).
verhül'len, to cover, to shroud, to hide.
verhun'gern, to die of starvation, to starve to death.
verkap'pen, to mask, to disguise.
verkau'fen, to sell.
Verklä'rung, *f.*, glorification.

verkoh'len, to burn to coal; to get charred.
verkün'den (= verkündigen), to announce.
verkür'zen, to cut short *or* off, to shorten.
verlas'sen (verließ, verlassen), to leave; to forsake, to abandon.
verlau'fen (verlief, verlaufen), to pass (by).
verlie'ren (verlor, verloren), to lose.
verlo'ben, sich, to become (to get) engaged (to some one, *dat.*).
Verlo'bung, *f.* (*pl.* -en), engagement (to be married).
verma'chen, to bequeath; to leave something (to some one, *dat.*).
vermeh'ren, to increase, to enlarge.
vernich'ten, to ruin, to destroy.
verre'cken, to die (of animals).
versam'meln, to assemble.
verschar'ren, to hide in the ground, to rake up.
verschlu'cken, to swallow, to gulp down; die Thränen verschlucken, to suppress one's tears.
verscho'nen, to spare; to exempt, to excuse.
verschwei'gen (verschwieg, verschwiegen), to conceal (from, *dat.*).
verschwin'den (verschwand, verschwunden), to disappear.
verse'hen (versah, versehen), sich, to look for something; sich einer Sache versehen, to be aware (of something, *genit.*).
versin'ken (versank, versunken), to be sunk *or* plunged; in Schlummer versunken, wrapped in slumber.
verspre'chen, (versprach, versprochen), to promise.
verstand', see verstehen.
verste'cken, to hide, to conceal (from, vor); sich verstecken, to be hidden.
verste'hen (verstand, verstanden), to understand, to know.
verstei'nern, to petrify.
verstrei'chen (verstrich, verstrichen), to pass (by).

vertei′digen, to defend.

Vertrau′en, *n.*, faith, confidence.

vertrei′ben (vertrieb, vertrieben), to make pass away (the time);
  er vertrieb gern die Zeit, he liked to make pass away (beguile) the time.

verwan′deln, sich, to change (= to be changed), to be converted *or* transformed.

verwandt′, related, kin;
  der Verwandte, relative, kinsman.

verwech′seln, to mistake, to confound;
  zum Verwechseln ähnlich, so much alike that the one might be easily taken for the other *or* that one cannot tell the one from the other.

verwun′dern, to surprise, to amaze.

verzeh′ren to consume; to eat up.

verzich′ten, to desist (from, auf).

verzie′hen (verzog, verzogen), sich, to be twisted *or* contracted.

verzo′gen, see verziehen.

Verzweif′lung, *f.*, despair, desperation.

verzweif′lungsvoll, full of despair.

Vieh, *n.*, cattle.

viel; vie′le, much; many.

vielleicht′, perhaps, may be.

vier, four.

Vo′gel, *m.* (*pl.* ⸗), bird.

Volk, *n.* (*pl.* ⸗er), people; nation; subjects.

voll, full (of, von *or genit.*), replete, crowded.

völ′lig, complete(ly);
  völlig Nacht, dead night.

vom = von dem.

von (*dat.*), of, from; about; by (*in passive construction*).

vor (*dat.-accus.*), (*place*) before, in front of; in the presence of; (*time*) ago;

(*cause*) of, from, with.

voran'gehen (ging, gegangen), to go ahead, to take the lead.

vor'aus (im), beforehand, in advance.

vorbei'gehen (ging, gegangen), to pass by.

Vor'berg, *m.* (*pl.* -e), foot-hill.

vorher', before, previously, the first time.

vor'kommen (kam, gekommen), to seem, to appear, to be considered (by one's self, *dat.*).

Vor'sicht, *f.*, foresight, caution, precaution.

vor'stellen, to introduce, to present; to represent; sich vorstellen, to imagine.

vor'stürmen, to advance, to push on.

vorü'bergehen (ging, gegangen), to pass by; der Vorübergehende, passer-by.

Vor'wand, *m.* (*pl.* -̈e), pretext, pretence, subterfuge.

W

Wa'che, *f.* (*pl.* -n), sentry, sentinel.

wa'chen, to be awake, to sit up.

Wachs, *n.*, wax.

wach'sen (wuchs, gewaschsen), to grow; hoch gewachsen, tall-grown.

Wachs'licht, *n.* (*pl.* -er), wax-(candle) taper.

wach'te . . . auf, see aufwachen.

Wacht'feuer, *n.* (*pl.* -), camp-fire, bivouac-fire.

wa'gen, to dare, to risk, to venture.

wäh'len, to pick out, to select.

wahr, true, genuine, veritable; nicht wahr? is it not so?

wäh'rend (*genit.*), during; (*conj.*) while.

Wahr'heit, *f.* (*pl.* -en), truth.

Wahr'zeichen, *n.* (*pl.* -), sign, mark, landmark.

Wald′brand, *m.* (*pl.* -̈e), fire in the forest.
Wal′desschatten, *m.* (*pl.* -), shade of the woods.
Wald′fee, *f.* (*pl.* -en), wood-fairy, wood-nymph.
Wald′weg, *m.* (*pl.* -e), wood-path.
Wall′fahrt, *f.* (*pl.* -en), pilgrimage.
wäl′zen, sich, to roll, to welter.
wälzt . . . herun′ter, see herunterwälzen.
wand . . . aus, see auswinden.
wan′deln, to walk, to take a walk, to wander; to promenade.
Wan′derer, *m.* (*pl.* -), wanderer, pedestrian, traveller (on foot).
wan′dern, to wander, to travel (on foot).
wan′derte . . . hinauf′, see hinaufwandern.
Wan′derung, *f.* (*pl.* -en), wandering, journey, tour, travel (on foot).
Wand′lung, *f.* (*arch. and poetic. for* Verwandlung), (*pl.* -en), change.
wan′dte, see wenden.
wan′dte . . . zu, see zuwenden.
Wan′ge, *f.* (*pl.* -n), cheek.
wan′ken, to shake, to rock.
war; wa′ren, see *auxil. v.* sein.
ward, see *auxil. v.* werden.
wä′re; wä′ren; wärst (*past subj.* of sein), was, were; would be.
warf, see werfen.
warf (warfen) **. . . zu**, see zuwerfen.
war′nen, to warn, to caution.
war′ten, to wait (for, auf *or genit.*).
warum′, why.
was, (that) what;
 (*colloq.*) = etwas, somewhat, something;
 was? what?
 was für ein? what a, what kind of a . . . ?

wa'schen (wusch, gewaschen), to wash.
Was'ser, *n. (pl.* -), water;
  (*pl.* = die Gewässer, rivers, streams).
Was'serfall, *m. (pl.* -̈e), waterfall, cascade.
wa'tete . . . hinein', see hineinwaten.
wech'seln, to exchange; to apply to each other.
Wech'selrede, *f. (pl.* -n), dialogue; alternate eulogy *or* encomium.
Weg, *m. (pl.* -e), way, road, direction;
  sich auf den Weg machen, to set out, to start;
  sich Einem in den Weg werfen, to throw one's self upon some one.
we'gen (*genit.*), on account of, for.
weg'kratzen, to scratch out *or* aside, to work off.
weg'scharren, to rake away.
1. **we'h(e)**, aching, painful;
  wehe thun, to cause pain;
  sich weh thun, to hurt one's self.
2. **we'he!** (*interj.*), woe! alas! woe (to, *dat.*)!
  ach und wehe schreien, to sigh and cry, to groan and moan.
we'hen, to wave;
  ein Wehen, breeze.
weh'mütig, sad(ly), doleful(ly).
weh'ren, sich, to defend one's self; to resist.
wehr'te . . . ab, see abwehren.
Weib, *n. (pl.* -er), wife; woman.
weich, soft.
Wei'che, *f. (pl.* -n), flank, side; groin.
wei'chen (wich, gewichen), to give away, to retreat.
Wei'de, *f. (pl.* -n), pasture.
weil, because, since.
Wein, *m. (pl.* -e), wine.
wei'nen, to cry, to shed tears, to sob.
wei'se (der), wise.

1. **weiß** (*adj.*), white, whitewashed;
   die Weiße, white woman, white lady.
2. **weiß** (*verb*), see wissen.
weit (*adv.*), far, distant, a great way;
   weit laufen, to make a long way;
   weit und breit, near and far.
weitauf′gerissen, see weitaufreißen.
weitauf′reißen (riß, gerissen), to open wide.
Wei′te, *n.*, distance;
   von weitem, from afar.
wei′te (der), wide, spacious, large.
wei′ter (see weit), further, on, along.
wei′tergehen (ging, gegangen), to move on, to proceed.
welch! what a!
wel′cher, wel′che, wel′ches, who, which;
   welcher! welche! welches! what a . . . !
   welcher? welche? welches? which? what?
Welt, *f.* (*pl.* -en), world;
   auf der Welt, in this world.
wem, (to) whom.
wen′den (wandte, gewandt), to turn;
   sich wenden, to turn.
we′nig; we′nige, little; a few.
we′niger (see wenig), less.
wenn, when, whenever, as, if.
wer (= wer, der, *correlat.*), (he) who;
   wer? who?
wer′den (*pres. indic.* werde, wirst, wird; werden, etc.), wurde [ward], geworden; to become, to come to be; *also auxil. verb, for the formation of the fut. act.* (shall, will) *and the whole pass.* (be).
wer′fen (warf, geworfen), to throw;
   sich Einem in den Weg werfen, to throw one's self upon some one.
wert, worthy, equivalent, tantamount (to, *genit.*);
   die Deiner wert ist, who can compete (*or* compares) with

you.
We′sen, *n.* (*pl.* -), (living) being; creature.
weshalb′, (emphat. **wes′halb**)? why? what for?
We′sten, *m.*, West.
wi′chen . . . zurück′, see zurückweichen.
wid′men, to devote, to give up (to, *dat.*).
wie (*adv.*), as, like;
    (*conj.*) when;
    wie? how?
wie′der, again, back.
wie′derkommen (kam, gekommen), to come back, to return.
wie′dersehen (sah, gesehen), to see (to meet) again.
1. **wie′gen**, to rock.
2. **wie′gen** (wog, gewogen), to weigh (*intrans.*), *colloq. used* for wägen (wog, gewogen), to weigh (*transit.*), to balance, to poise.
Wie′se, *f.* (*pl.* -n), meadow.
wild, wild, impetuous; loose; dishevelled (hair); ferocious.
Wild′fang, *m.* (*pl.* ⸚e), frolicsome girl, romp.
Wild′heit, *f.*, exuberance, friskiness.
will; willst, see wollen.
will′kommen, welcome, pleasing.
Wind, *m.* (*pl.* -e), wind, storm.
win′det . . . dahin′, see dahinwinden.
Wink, *m.* (*pl.* -e), wink, beckoning; einen Wink geben, to give a sign, to beckon.
win′ken, to beckon.
Win′ter, *m.* (*pl.* -), winter.
wir′beln, to whirl.
Wir′belwind, *m.* (*pl.* -e), whirlwind;
    wie ein Wirbelwind, quick as lightning, swift as an arrow.
wirk′lich, real(ly), indeed; actual(ly), truly.
wirst, see werden.

wisch′te . . . fort, see fortwischen.

wis′se (*pres. subj.* of wissen).

wis′sen (*pres. indic.* weiß, weißt, weiß; wissen, etc.), wußte, gewußt, to know;
ohne zu wissen, without knowing.

wißt, see wissen.

wo, where, when.

Wo′che, *f.* (*pl.* -n), week.

wog, see wiegen.

wo′gen, to wave, to shift.

wohin′, where, whither.

wohl, well, kindly, happy;
(*explet.*) perhaps, I think, I guess, probably, likely;
es wird mir wohl, I feel at ease.

wohl′gefällig, pleased;
(*adv.*) with satisfaction.

Wohl′klang, *m.* (*pl.* -̈e), harmony, sound (of words).

woh′nen, to dwell, to live, to reside.

Woh′nung, *f.* (*pl.* -en), dwelling, house.

Wolf, *m.* (*pl.* -̈e), wolf.

Wol′ke, *f.* (*pl.* -n), cloud.

Wol′kenbruch, *m.* (*pl.* -̈e), torrent of rain.

wol′len (*pres. indic.* will, willst, will; wollen, etc.), wollte, gewollt; will, to want, to wish; to claim, to pretend; to be about *or* at the point;
nicht enden wollend, endless, never ending.

wonach′ (*emphat.* wo′nach), whereafter, wherefor; after which, for which.

worauf′ (*emphat.* wo′rauf), whereupon.

wor′den (= geworden), see *auxil. v.* werden.

Wort, *n.* (*pl.* -e [-̈er]), word.

wovor′ (*emphat.* wo′vor), whereof, of what.

wuchs, see wachsen.

Wun′de, *f.* (*pl.* -n), wound, sore, boil, tumor.

Wun′der, *n.* (*pl.* -), wonder, miracle.

wun′derbar, wondrous, miraculous.

Wun′derblume, *f.* (*pl.* -n), enchanted flower; flower from fairy-land.

wun′derfein, exceedingly fine.

wun′dern, sich, to wonder, to marvel, to be surprised.

wun′derschön, charming.

wun′dervoll, wondrously fair, charming, exquisite.

wün′schen, to wish;
gutes (Gutes) wünschen, to wish some one well.

wur′de; wur′den, see *auxil. v.* werden.

Wür′de, *f.*, dignity.

wür′de; wür′den; wür′dest (*condit. of aux. v.* sein), would, could.

Wurf′spieß, *m.* (*pl.* -e), javelin, dart.

wuß′te, see wissen.

wüß′ten, see wissen.

wü′ten, to rage, to rave;
wütend, raging(ly), furious(ly), frantic(ally).

Z

zäh′men, to tame, to restrict.

Zahn, *m.* (*pl.* -̈e), tooth.

Zahn′reihe, *f.* (*pl.* -n), row of teeth.

zap′peln, to kick and strike about, to fidget about.

zart, tender, soft, delicate.

zärt′lich, tender(ly), fond(ly), loving(ly).

Zau′ber, *m.* (*pl.* -), charm, spell.

Zau′berin, *f.* (*pl.* -nen), sorceress, witch.

Zei′chen, *n.* (*pl.* -), sign, medal, decoration, mark of distinction; wonder, miraculous sign; signal.

zei′gen, to show.

Zeit, *f.* (*pl.* -en), time;
vor Zeiten, in former (*or* olden) times.

Zeit′vertreib, *m.*, pastime;

zum Zeitvertreib, as a (by way of) pastime, for amusement.

zerbei′ßen (zerbiß, zerbissen), to break with the teeth.

zerschmet′tern, to smash, to crush.

zerstäu′ben, to turn into (dust *or*) spray.

zerstreu′en, to scatter;
zerstreut, absent-minded, inattentive.

Zie′genhaar, *n.* (*pl.* -e), goat's hair.

zie′hen (zog, gezogen), *trans.* to draw, to pull; *intrans.* to move, to advance.

zie′men, to be becoming *or* fit, to befit.

zit′tern, to tremble, to quiver, to waver.

zog; zo′gen, see ziehen.

zog . . . heraus′, see herausziehen.

zog . . . zusam′men, see zusammenziehen.

zo′gen . . . nie′der, see niederziehen.

zö′gern, to hesitate.

Zopf, *m.* (*pl.* ⸚e), plait of hair.

Zorn, *m.* ire, rage.

zu (*dat.*), to, at; for;
(*adv.*) too;
(*conj.*) to, in order to;
um . . . zu, to, in order to.

zu′bringen (brachte, gebracht), to spend (time), to pass.

zu′cken, to flash (quivering).

zu′drücken, to close (by pressure);
Einem die Augen zudrücken, to close some one's eyes.

zuerst′ (*adv.*), first of all.

zu′fliegen (flog, geflogen), to fly (to *or* towards, auf); to close with a bang, to slam.

zu′gedrückt, see zudrücken.

zu′gehen (ging, gegangen), to happen, to come to pass, to be brought about;
es geht emsig zu, there is a busy time.

Zü′gel, *m.* (*pl.* -), rein, bridle.

zu´lächeln, to smile (to *or* on some one, *dat.*).

zuletzt, last, last of all.

zum = zu dem.

zu´neigen, sich, to incline (to *or* towards, *dat.*).

zur = zu der.

zurück´, back, behind;
zurück! go back! withdraw!

zurück´bleiben (blieb, geblieben), to remain behind; to be left over.

zurück´gerissen, see zurückreißen.

zurück´kehren, to return.

zurück´lassen (ließ, gelassen), to leave behind.

zurück´reißen (riß, gerissen), to push (to pull, to tear) back.

zurück´reiten (ritt, geritten), to ride back (to, nach).

zurück´rufen (rief, gerufen), to call back (to, zu).

zurück´schieben (schob, geschoben), to push back.

zurück´taumeln, to reel back.

zurück´treiben (trieb, getrieben), to force back; to induce, to return *or* to come back.

zurück´weichen (wich, gewichen), to retreat.

zurück´ziehen, sich, to go back, to retreat.

zu´rufen (rief, gerufen), to call (to some one, *dat.*).

zusam´men, together.

zusam´menbrechen (brach, gebrochen), to break down, to collapse.

zusam´menstürzen, to fall *or* to break down; to be struck all of a heap.

zusam´mentragen (trug, getragen), to bring *or* to carry together; to collect.

zusam´menwachsen (wuchs, gewachsen), to grow together.

zusam´menziehen (zog, gezogen), sich, to be drawn tighter, to contract, to shrink up; to gather (*said of clouds*).

zu´schlagen (schlug, geschlagen), to bang, to slam (a door).

zu´schreiben (schrieb, geschrieben), to ascribe, to impute.

zu´schreiten (schritt, geschritten), to walk (to *or* towards, *dat.*).

zu´sehen (sah, gesehen), to look at, on *or* upon, to watch.

zu´sprechen (sprach, gesprochen), to do justice, to enjoy (something, *dat.*).

zuvor´kommen (kam, gekommen), to anticipate (some one, *dat.*).

zuwei´len, once in a while, at times.

zu´wenden (wandte, gewandt), sich, to turn one's steps (towards, *dat.*), to wend one's way (towards, *dat.*).

zu´werfen (warf, geworfen), to throw *or* to cast (to, *dat.*); einen Blick zuwerfen, to cast a glance (at, *dat.*).

zuwi´der (*dat.*; *postpositive*), against, contrary; es ist mir zuwider, I have an aversion to it, I dislike *or* hate it.

zwei, two.

zwei´te (der), second.

Zwil´lingsbruder, *m.* (*pl.* -̈), twin-brother.

zwi´schen (*dat.-accus.*), between, amidst.